Spartaco Zeloni

Lupi sulla Linea Gotica

Prefazione di adriano bolzoni
Con uno scritto di ugo Franzolin

ISBN: 978-88-9327-6528 2ª Edizione : Ottobre 2020 ISBN
Titolo: Lupi sulla linea gotica (ISE-047) di Spartaco Zeloni
Pubblicato da LUCA CRISTINI EDITORE. Cover & Art design: L. S. Cristini
Prima edizione a cura di ASSOCIAZIONE ITALIA STORICA - Genova 2012

Se il Piave era così, dicevano i giovani marò del "Lupo" era davvero una gran brutta cosa il Piave, un brutto casino. Nessuno raccontava loro la storia del "boia chi molla" ch'era nata sul Piave. Dopo la tragedia di Caporetto, un plotone di alpini riceve l'ordine di attestarsi sulla riva destra del Piave. Ai pochi uomini malconci e stremati, un tipo con le maniche dell'uniforme appesantite dai gradi ordina di far fronte al nemico. "Vi raggiungeranno i rinforzi" dice il tipo, andandosene. Il vecchio sergente guarda i suoi, alza le spalle, dice pianamente: "Mona chi ghe crede, ma boia chi molla".

Le camicie nere sotto la giubba e le nere fiamme al bavero nacquero nella prima guerra mondiale, insieme al "boia chi molla". Una storia che nessuno raccontò ai ragazzi del "Lupo" che sul Senio andarono cantando. Quella dei cantar andando in combattimento come diavolo si spiega? Anche quelli a Dieppe, ho letto da qualche parte, quelli sbarcati a Dieppe e poi morti a Dieppe cantavano. Addirittura con l'accompagnamento delle cornamuse. E cantavano quelli chiusi a Bastogne, quelli che andavano all'assalto al ponte di Remagen. Senza cornamuse, magari al suono di un'armonica a bocca, anche i marò del "Lupo" cantavano lungo strade dove c'erano cadaveri ai bordi e non paracarri e l'autostop lo facevano solo i feriti. Andavano cantando verso il Senio perché altri uomini con le armi pronte, i nemici, al fiume si avvicinavano per altre strade e bisognava bene che qualcuno andasse loro incontro, qualcuno con la bandiera italiana. Che poi quella bandiera avesse al centro un'aquila dalle ali spiegate e un fascio littorio romano negli artigli, cosa cambiava ? Ecco, ci sono italiani che non si sono arresi diceva quel tricolore. Ammazzateci, piegateci, guadagnate la partita, ma pagate il prezzo.

Arrivarono sul Senio, quelli del "Lupo" per tamponare un fronte nudo, dove non c'era riparo, dove quando scavi ti scavi buca e fossa insieme. Tanto valeva, scavando, davanti alla buca, piazzare una croce. Perché una croce, più del riparo, più dei sassi, più dell'argine del fiume poteva servire.

Pensavano, i marò, all'amica terra, ad un fiume che è sempre comodo avere davanti, ad un praticabile mondo alle spalle che permette alle munizioni, ai rifornimenti ed ai viveri di arrivare. Soprattutto alle strade, pensavano, che permettono ai feriti d'essere evacuati senza quello strazio, il peggiore, di rimanere a svenarsi dove ti han colpito, guardando con occhi senza luce il sangue andarsene dalle ferite aperte, il sangue che se ne va sino a quando, intorno, si oscura il mondo. Tutto questo speravano i marò del "Lupo" muovendo verso un'altra faccia della guerra, verso una morte con la faccia nuova. Cantavano marciando verso il Senio che altri chiamavano fiume, chiamavano torrente, e per loro sarebbe diventato subito questo sporco fottuto maledetto Senio, ridicolo corso d'acqua terrosa del tutto inutile come difesa, inutile come le buche davanti alle quali, scavandole, meglio drizzare una croce.

Battaglione del diavolo quello del "Lupo" della Divisione Decima. Io l'ho conosciuto. C'era da pensare che non fossero stati gli uomini ad andare al battaglione, ma questo a quelli l'anima del battaglione a cercare l'anima di tutti

Prefazione

di Adriano Bolzoni

La forza contenuta nelle pagine di Spartaco Zeloni risiede essenzialmente nella verità. Sono i ricordi di un soldato, semplici e drammatici. Pagine di una guerra condotta con lucida e consapevole volontà da chi rifiutò la resa ignobile dell'8 settembre 1943. Da chi sentì, magari confusamente, per istinto generoso e spinta ideale, che nel combattere e nel sacrificio era la strada non già dell'impossibile vittoria delle armi, ma la radice di una futura redenzione nazionale.
Spartaco Zeloni è un combattente del "Lupo", Battaglione della Decima Mas. Dico è, non uso il passato, perché nessuno, vivo o morto, ha mai abbandonato la sua gente, la sua insegna, la sua bandiera. Il volumetto che Zeloni ha scritto è una specie di "ruolino di marcia", un diario da campo, memorie raccolte sul terreno dell'azione. Pagine che non hanno e non vogliono avere sapore letterario. La guerra non è letteratura. Pagine semplici, ora intense e drammatiche, ora struggenti e malinconicamente amare. Pagine ben comprensibili per chi ha conosciuto il combattere e il morire.
Zeloni e gli uomini del battaglione "Lupo", seicento come i cavalieri della Brigata leggera di Balaclava, entrarono nella storia della guerra sulle rive del Senio. Che sia veramente un fiume, il Senio, non si può dire. Dipende. Altri lo possono chiamare così, o torrente possono chiamarlo. Diranno altri che è fatto di acque opache, che è lungo tanto e largo tanto, che se ne parte lento dal monte Calzofano o Calzafano che sia, manco lo so bene, per giungere attraverso la Romagna al Reno portando poi la sua lenta e apatica corrente nelle scure valli di Comacchio. Altri diranno tutto questo. Allora i marò del "Lupo" dicevano "questo fottutissimo Senio", "questa merda di Senio" dicevano e nient'altro.
Nella fredda stagione del 1944 il Senio era qualcosa di liquido, fatto di acqua limacciosa e stanca, stanca di scorrere tra argini trascinando ogni sorta di lordura, ogni schifo di detriti. Stanca di udire tonfi sordi di mortaio, digrignare di mitragliatrici, bestemmie, maledizioni o il silenzio dei cecchini in agguato che non parlano perché hanno le labbra contratte come le dita sul grilletto del fucile ma che il Senio ascoltava ugualmente perché il fiume conosceva anche il pensiero degli uomini che sulle sue rive si cercavano per ammazzarsi. Alta, sugli argini, la nera figura con la falce lucente la Morte che miete anche in inverno.
Era qualcosa di oscuro, il Senio. Come un brutto presentimento messo tra le avanguardie opposte di due eserciti in guerra. Apparentemente una povera cosa, un niente di acqua posto tra noi e loro. Non certo una difesa perché non può difendere nulla un così ridicolo spazio gonfio d'acqua terrosa, un fossato rispetto ai veri fiumi, non può difendere un accidente di niente dai cannoni, dai mortai, dai lanciagranate di quelli che stanno dall'altra parte oltre la linea degli argini ineguali altrettanto assurda e inutile alla difesa.

quei marò, cercandoseli i suoi combattenti, quelli da mettere in fila, da schierare contro il nemico in una guerra impossibile, uno per uno dopo averne scrutato il volto, ascoltato il cuore, capito il loro tormento e ascoltato i discorsi rabbiosi.

I marò del "Lupo" erano giunti al battaglione da ogni parte, di ogni età, dopo aver servito in molti altri reparti o sulle navi del re; oppure giovanissimi, nuovi alla guerra, con brevi esperienze di settimane, di giorni solamente nell'uso delle armi. Ma ciascuno, veterano, anziano o giovane, con la propria storia da raccontare o da tacere, con la propria pena, con una ragione ed un perché precisi. Tutti con quel destino segnato in fronte, scontato in anticipo. I combattenti del "Lupo" dal comandante prima sommergibilista sino all'ultimo volontario arrampicatosi clandestino su uno dei camion in partenza per il fronte, erano sereni e d'accordo tra loro soltanto davanti al nemico. Perché soltanto di fronte al nemico, soltanto in battaglia, il "Lupo" diventava veramente nello che era e la guerra, con la sua voce, provvedeva a far tacere o ad armonizzare tutte quelle seicento voci discordi tutte quelle seicento ragioni diverse, tutti quei seicento "perché" dissimili che pure avevano determinato, in ciascuno, la volontà di battersi ancora in quel modo, da quella parte, sino alla fine.

Gente selvatica, quella dei "Lupo". Gente decisa e disciplinata anche se ciascuno, per temperamento, per indole, per spirito irrequieto e anticonformista era abituato a muoversi, ad agire e a pensare per proprio conto, d'accordo tutti su una cosa sola: battersi per quell'Italia che stava alle loro spalle e per quella che stava davanti a loro, unica Italia del loro amore.

Gente selvatica e gelosa. Gelosa del battaglione, del gergo usato e incomprensibile agli altri, delle proprie canzoni, dei ritornelli inventati, gelosa soprattutto del segreto delle loro anime che si rivelava soltanto nella battaglia senza speranza. I marò accettavano complimenti e insulti, elogi e punizioni solo dai loro. Combattevano, ingozzavano il loro cibo, marciavano con la carezza del vento nella loro bandiera, evacuavano i loro feriti, seppellivano i loro morti.

Io li ho conosciuti, quelli del "Lupo". Non erano fascisti o fanatici o illusi o altro. Erano il "Lupo", questo dannato battaglione di uomini incontratisi e unitisi per un desti no arcano, spinti da cento ragioni e da un solo amore. Il "Lupo" era andato a cercarseli quegli uomini, uno per uno, per radunarli e condurli in combattimento e farli morire dopo avere insegnato loro una canzone. La ragione del combattere già la conoscevano con chiara, netta lucidità.

Con la falce lucente e la clessidra, la Morte era sugli argini indifferenti del Senio. Un uomo del "Lupo" contro dieci nemici, nemici tosti, canadesi e inglesi; un mortaio del "Lupo" contro dieci mortai di fronte; un cannone del "Lupo" a ringhiare feroce rispondendo al fuoco continuo di dieci batterie dell'avversario. Nessun carro, contro squadroni di corazzati. Seicento uomini, una frazione della Divisione Decima MAS, straordinaria, impensabile e incredibile fioritura di un italico *Freikorp* che cercava la sua gloria e la sua leggenda non sul Baltico, in Curlandia, nelle remote lande di Lituania, ma in terra patria, da riscattare dal

disonore per il futuro dei fratelli e per il rispetto dello straniero. Seicento uomini, un battaglione dell'esercito della Repubblica Sociale Italiana, anche questo straordinario, impensabile e incredibile per il numero dei suoi combattenti.
Tenne, il "Lupo", sino alla fine, perché l'ordine era quello di tenere, di fare argine su un argine di fiume. Ultimi giorni d'inferno. Alto e indisturbato tra le nubi, il ricognitore inglese guardava e osservava ogni cosa, ogni minimo spostamento dei marò, ogni cratere aperto dal cannone, ogni settore dell'argine fulminato, ogni marò morto e ogni marò vivo, stesi i morti e i vivi insieme a terra. Guardava e osservava tutto, l'inglese, nel suo volo lento, eppoi diceva a quelli laggiù che manovravano i cannoni: "Ce ne sono ancora di quei bastardi. Ce ne sono ancora di vivi". E quelli sparavano. Sudati e stanchi, proprio stanchi di far fuoco coi cannoni, da giorni. Gli inglesi dei cannoni sapevano che era venuta l'ora di finirla e volevano finirla. Sì davano manate sulle spalle, si davano manate sulle cosce, cosce in carne, carne ben nutrita e ben vestita: "*Goddam!*" dicevano "ce ne sono ancora". E dicevano: "Quei figli di puttana, resistono quei bastardi" e c'era ammirazione e rispetto nelle loro parole.
Anche i seicento del battaglione "Lupo" vennero travolti e battuti. Sconfitti in una battaglia affrontata e condotta conoscendo in anticipo sapendo qual'era la fine. Ma tutti, quanti caddero sull'argine del Senio ed i sopravvissuti, oggi scomparsi od ancor vivi che siano, rimangono nelle non molte pagine eroiche della nostra storia di nazione. E, come loro, tutti i combattenti dell'Armata senza speranza. Oltre mezzo secolo è trascorso da quella stagione di sangue. Ma nella pagine di quel libro il tempo è nulla. Giovani di generazioni nuove, assetati, cercano una fonte. Disidratati di orgoglio, di consapevoli virtù civica, di memorie, di ideali, cercano una fonte. Cercano la stessa sorgente alla quale si dissetarono quei combattenti per l'onore che inutilmente si tentò di far dimenticare.
Spartaco Zeloni era uno del "Lupo", battaglione della Decima Mas. Ha combattuto nel "Lupo" e parla del "Lupo". Ricordi di guerra, di una fase della guerra particolarmente tragica destinata fatalmente a concludersi nel rosso tramonto. I combattenti dell'esercito della Repubblica Sociale italiana furono molti. Un numero che è sempre parso quasi incredibile anche a chi scrive, eppure era in campo in quel tempo e in condizione di vedere e sapere più di altri, testimone degli scontri in settori diversi dalla linea Gustav alla Gotica, dal confine francese all'Adriatico, dall'Apennino tosco-emiliano alle zone della Venezia Giulia, dalla pianura Pontina a Gorizia.
Sì, furono davvero molti i combattenti della RSI. Un numero sbalorditivo – mai la storia militare italiana vide così tanti volontari – considerando poi le tragiche condizioni di quel terribile periodo. Persino uno storico rigoroso come Frederick Deakin (*The Fall of Italian Fascism*), non uno dei troppi ciarlatani nostrani, documentando i risultati della chiamata alle armi da parte del governo della RSI delle classi 1924-1925, indica in 130.639 quanti erano affluiti ai reparti alla data del 10 marzo 1944. Altri 39.734 erano inquadrati nell'Aeronautica repubblicana.

In realtà, nell'esercito gli effettivi, nel marzo del 1944, erano 258.000 e circa 150.000 gli appartenenti alla Guardia Nazionale Repubblicana. Nella "pseudo repubblica" prestarono servizio anche 44.198 carabinieri; precisamente 790 ufficiali, 8.253 sottufficiali e 35.155 tra appuntati e militi. Salvo D'Acquisto uscì dalle loro file. non fu il solo a tutelare prima di tutto gli interessi dei compatrioti, delle popolazioni dei villaggi, dei borghi e dei piccoli centri urbani, contro le richieste, le pretese, le imposizioni e le prevaricazioni che potevano venire dai comandi militari tedeschi.

Per le progettate prime 4 divisioni dell'esercito, divisioni pesanti sull'esempio della Germania e degli anglo-americani, con una media di 15.000 uomini ciascuna, come fu nella realtà (sarebbe straordinario anche oggi) si considerarono necessari 5.000 ufficiali. Ufficiali e sottufficiali dovevano essere esclusivamente volontari. Alla RSI giurarono fedeltà 62.000 ufficiali circa, tra questi 307 generali. Si fu costretti a creare commissioni e sottocommissioni per porne in congedo o a "disposizione" ben dieci dodicesimi escludendo dal servizio i meno atti in considerazione dell'età, delle condizioni fisiche, dei precedenti combattentistici meno significativi. Piuttosto singolare, insomma, per il "pseudo esercito di una pseudo repubblica" di dover congedare decine di migliaia di ufficiali quando fu un'impresa quasi disperata nel regno del Sud mettere insieme il 1° Raggruppamento motorizzato comprendente in tutto, con i servizi e il reparto medico-sanitario, circa 6.000 uomini. Ricavati da una massa di soldati alle armi, rimasta stordita nelle province meridionali, di molte centinaia di migliaia di uomini.

Più tardi, anche il Corpo Volontari della Libertà che l'esercito regio mise in campo a fianco degli Alleati, specialmente nelle sue unità più robuste come le brigate "Cremona" e "Legnano" fu efficiente, disciplinato, combattivo e ben condotto. Ma, dal punto di vista numerico, i suoi effettivi non raggiungevano la quarantesima parte dell'esercito della Repubblica Sociale Italiana. I volontari del Sud, affluiti dalla massa degli uomini già in uniforme, non intesero mai rinnegare o cancellare il loro passato di soldati, ma anzi, avendo combattuto sino allora con onore e servito in buona fede, ricordavano il passato fatto di abnegazione, dì sacrificio e di amore di Patria. Era la loro ricchezza morale che li spingeva a tornare a battersi per l'orgoglio nazionale, da quella parte, al Sud. L'antifascismo, negli uomini del Corpo Volontari della Libertà, al Sud, c'entrava in misura minima o per nulla del tutto.

So quel che dico. Non ho mai trovato chi mi smentisse. Il fatto che reparti dell'esercito del re fossero tornati a combattere, lungi dall'incattivire, dal preoccupare o determinare reazioni negative tra i soldati della RSI, venne accolto quasi con sollievo, persino con un certo orgoglio. Si escluse immediatamente di poter schierare unità dell'esercito repubblicano contro i fratelli.

Mi si permetta una digressione. Piacerà, sono pronto a scommettere, ad un soldato del "Lupo" come l'autore di questo volumetto ed a tutti i combattenti dell'Armata

senza speranza. Nella seconda metà del dicembre del 1943, non ricordo bene se il giorno 20 o 21 di quel mese, diretto ad Asiago, dov'era un centro d'addestramento di volontari, pensai di far sosta a Maderno per incontrare un amico, Enrico Quagliata, intendente della segreteria militare di Mussolini. Un incontro suggerito da una ragione utilitaristica: Enrico era sicuramente in grado di fornirmi uno degli allora preziosissimi mitra Beretta del tipo corto. Un arnese che poteva servirmi come, per altre ragioni, mi servivano l'Olivetti portatile e la macchina fotografica. Incontrai l'amico. Era con Carlo Silvestri ed i due erano appena usciti dalla sala-ufficio di Mussolini. La notizia che un reparto "badogliano" era entrato in combattimento contro una unità tedesca era giunta a Maderno. Mussolini aveva ricevuto dettagli e informazioni dall'ufficiale di collegamento della *Wehrmacht*. I "badogliani" avevano attaccato nella zona di Monte Lungo nella depressione di Mignano ed avevano conquistato un settore del crinale. Quagliata e Silvestri erano presenti al colloquio.
"E la reazione di Mussolini?" chiesi.
"Uscito l'ufficiale tedesco" disse Quagliata "dopo un lungo silenzio Mussolini ha esclamato con aperta soddisfazione: sono sempre i nostri bersaglieri".
Fu in realtà il battaglione bersaglieri del 1° Raggruppamento motorizzato a guadagnarsi la giornata. Seppi, anni dopo, a quale prezzo gli italiani avevano sgombrato Monte Lungo dai Panzergrenadiere del 15° reggimento: nei diversi assalti dall'8 al 16 dicembre il 1° Raggruppamento lamentò la perdita di 47 morti, 102 feriti e 151 dispersi. La 1ª compagnia bersaglieri vide cadere tutti i suoi ufficiali. Mai, tra i soldati dell'esercito della Repubblica Sociale si levò una voce caina contro i soldati, gli aviatori e i marinai italiani che nel Sud sventolavano il tricolore con l'insegna del re.
Fu guerra civile, in Italia. Ma l'incendio divampò alimentato da ben altre fiamme. Farla lunga, oggi, più di mezzo secolo dopo, sulla resistenza e sulla lotta partigiana che, usando pesi e misure finalmente regolari, la Storia ha consegnato nel suo recinto, è del tutto inutile. L'Ippogrifo della resistenza che trionfa, solleva un popolo e conclude la grande insurrezione, lo cavalcano ormai in pochi. Nel loro dormiveglia, bravi e patetici personaggi come Valiani e Bobbio, oppure monomaniaci ingrugniti come Giorgio Bocca, uno capace di garantire "Cuneo brucia ancora" del tutto indifferente al fatto che non bruciò mai.
Non c'è un solo italiano non importa di quale età, del tempo di ieri o di oggi, che non sappia – se appena ne mastica che il fascismo si autoaffondò il 25 luglio del 1943, già ridotto dalla guerra in stato pre agonico, e la Repubblica Sociale venne spazzata via nelle ultime vampe del conflitto. A provocare il crollo furono solo ed esclusivamente alcuni antifascisti la cui straordinaria forza di persuasione non poteva in alcun modo venir confutata o contrastata in nessuna maniera. Questi antifascisti, che vinsero la partita, furono la V Armata americana, l'VIII Armata britannica, i calibri da 381 della Flotta inglese, i carri *Sherman* da 30 tonnellate, i quadrimotori *B-17* e *B-24* e così via elencando. Le robuste e convincenti

argomentazioni di questi campioni della democrazia non poteva consentire che deboli repliche, il risultato della rumorosa disputa era scontato. Chiaro, con maggiore o minore lucidità, anche ai seicento marò del "Lupo" così come a tutti quella Decima Mas ed ai combattenti dell'intero esercito della RSI.

Talune imponenti facce di bronzo cercano ancor oggi con sempre minore effetto per la verità, di sostenere che la sconfitta del fascismo, la conquista della libertà democratica, la fine della monarchia, furono merito della resistenza. Non dico nessun storico o ricercatore attendibile, ve ne sono e ve ne furono, ancorché taluni largamente parziali come Roberto Battaglia storico di parte comunista (a parer mio "storico" e "comunista" legano poco), ma nessun cronista non sconsiderato ha mai preso per buone le pagine sulla resistenza di Pietro Secchia o di Luigi Longo. Quest'ultimo, nel suo libro *Un popolo alla macchia* (Mondadori, 1947) elenca le forze guerrigliere scese in campo contro la *Wehrmacht* e l'esercito della RSI. Cita qualcosa come 114 divisioni di partigiani forti di 196 brigate. Evidentemente i termini di divisioni e brigate non hanno alcun riferimento, men che meno come numero degli effettivi, con le unità militari di uguale denominazione. Spesso due o tre gruppi partigiani di 15-20 elementi ciascuno formavano una brigata. Talvolta potevano raggiungere anche un centinaio di uomini, ma in rari casi. Non lo dico io, ma la Commissione riconoscimento qualifiche partigiane nel dopoguerra, quando il numero dei "guerriglieri" si era infittito.

Si può, senza sfondare il muro del ridicolo, dire che, schierando sul Senio i seicento del "Lupo", in quel solo settore la Decima Mas mise in campo 6 brigate di marò? Con i comando e i servizi, la divisione alpina "Monterosa" giunse a contare 18.000 effettivi. Usando il metro del prode Luigi Longo, la RSI allineò in battaglia 180 brigate di "penne nere". Davanti ad Anzio, nella pianura Pontina, un altro forte battaglione della Decima Mas, il "Barbarigo", vide in battaglia i suoi primi e davvero eroici marò. Quanti erano? Novecento volontari o 9 brigate?

Nell'inverno del 1944, quando l'esercito della Repubblica Sociale Italiana (la RSI ebbe un esercito e l'esercito fu la Repubblica Sociale Italiana) contava centinaia di migliaia di volontari. Secondo un altro storico comunista, Paolo Spriano, quanti erano in armi dall'altra parte? I partigiani sul territorio nazionale erano 1.650 in Piemonte, 250-300 in Lombardia, 700 nel Veneto, 200 uomini in Liguria, pochissimi in Emilia, circa 250 in Toscana, cifre del tutto incerte per l'Umbria, Marche, Lazio e Abruzzo. Naturalmente il fenomeno partigiano si dilatò, come fatale e comprensibile, con il precipitare degli avvenimenti, i rovesci militari della *Wehrmacht*, il progredire continuo delle forze anglo-americane nella Penisola, il disegnarsi ogni giorno di più del trionfo degli Alleati ormai imminente. Nessuno di quanti han combattuto nell'esercito della Repubblica Sociale; nessun alpino, fante, paracadutista, assaltatore, pilota, carrista, marò della Decima Mas, artigliere, aviere, o pioniere delle unità repubblicane toglierà – sbollito il furore del tempo di ieri – un grammo allo spirito di sacrificio, all'ideale nutrito e al coraggioso battersi di quanti militarono nel campo opposto davvero spinti dall'amore patrio.

Ciò non toglie che le proporzioni debbano rispettarsi; che la verità non può essere cancellata dal fatto che le unità militari della RSI si consumarono nel rogo della sconfitta e nel fumo dei braceri ormai spenti dal rotolare dei corazzati, dei blindati e dalle forze motorizzate degli eserciti Alleati, si agitarono le bande partigiane moltiplicatesi all'ultima ora, Un "popolo alla macchia" di resistenti e "antifascisti" può averlo visto e continuare a vederlo chi, come i cittadini di passaporto sovietico come Longo, Togliatti e Secchia a suo tempo, aveva e continua ad avere gli occhi colpiti dal tracoma comunista.

Le unità dell'esercito della RSI, i robusti battaglioni della divisione Decima, il naviglio repubblicano e un'Aeronautica davvero di prima grandezza, tutte le proporzioni rispettate rispetto allo strapotere del nemico nei cieli italiani, operarono come fu loro possibile e gli riuscì. Fu poco nel gigantesco confronto di eserciti enormi. Il fenomeno militare della repubblica non poteva modificare il risultato della campagna d'Italia. Naturalmente, anche senza la resistenza e l'antifascismo il risultato finale della guerra non sarebbe cambiato. È l'orologio della Storia italica che andrebbe semplicemente registrato. Ci si accorge del 25 luglio 1943 soltanto nelle tarde ore del giorno dopo. La disgustosa, disonorevole e condotta in maniera infame resa dell'8 settembre comincia ad avvertirsi nelle file di un esercito abbandonato senza ordini e indicazioni (milioni di uomini abbandonati in Provenza, nei Balcani, nelle isole dell'Egeo, in Patria) soltanto molte ore dopo. La "gloriosa insurrezione" del 25 aprile 1945 comincia cautamente a Milano il giorno 27.

Le pagine di Spartaco Zeloni raccontano pianamente, senza enfasi e con pudore, quello che il titolo del suo volumetto annuncia. Descrive il combattere e il morire del suo reparto, solo una robusta frazione di quel tutto che rispondeva al nome di Divisione Decima. Nome incancellabile nella storia delle virtù militari dimostrate in battaglia dai soldati italiani.

Nella seconda metà del 1944, il grosso della Decima si trasferì nel Veneto. Era necessario pianificare una notevole azione offensiva con i battaglioni di marò ed i gruppi di artiglieria non soltanto per alleggerire la zona di Gorizia dalla sempre più minacciosa pressione slava, ma per impedire la caduta di vaste porzioni del territorio nazionale ai confini orientali dove si addensavano le formazioni comuniste di Tito.

Un tale Friedrich Rainer, austriaco di Klagenfurt, era stato nominato Commissario del Reich di una zona denominata "fronte Adriatico". L'Austria era incorporata da anni nel *Reich* germanico, ma non c'era bisogno di grattare molto la scorza di Rainer per scoprire le intenzioni dell'austriaco. Come la Venezia Giulia piaceva a Vienna un tempo, cosi piaceva al funzionario Rainer. Gli uomini che lavoravano con lui erano per lo più gente del Tirolo, della Carinzia.

Ha scritto Giorgio Bocca ("Storia dell'Italia partigiana"): "Appena i reparti della Decima appaiono nella Venezia Giulia, il *Gauleiter* Rainer ne ordina lo

sgombero". Come storico e cronista di argomenti militari, Giorgio Bocca vale quanto un venditore di caldarroste. Per sgombrare i reparti della Decima, i comandanti della *Wehrmacht* troppo intelligenti e troppo impegnati in combattimento per farlo, avrebbero dovuto distaccare forze notevoli. Avrebbero dovuto vedersela con unità ben solide e numerose. La sola Decima, nel settore, raccolse i battaglioni "Barbarigo", "Fulmine", "Valanga" e "Sagittario", un pesante battaglione del genio "Freccia" eppoi ancora le compagnie d'assalto NP di nuotatori-paracadutisti, i gruppi d'artiglieria "San Giorgio" e "Da Giussano", ed ancora due compagnie di riserva e un Servizio informazioni di rara efficienza tenuto da ufficiali di Marina. Per buona misura erano dispiegati anche gli alpini del "Tagliamento" e quattro compagnie di bersaglieri.
Rainer o non Rainer, il comando Decima alza la sua bandiera tricolore a Gorizia. Quando un reparto tedesco mette il naso nelle vicinanze è subito circondato dagli uomini del "Barbarigo" pronti ad aprire il fuoco. Il capitano di fregata Luigi Carallo, comandante in seconda della divisione Decima, concede ai tedeschi un minuto per andarsene; cava di tasca l'orologio senza aggiungere una parola. I tedeschi se ne vanno e non compariranno mai più. I soldati dell'esercito repubblicano operano nella zona dove echeggiano i nomi delle località che videro l'eroismo e il sacrificio dei padri e dei nonni nel corso delle battaglie della prima guerra mondiale: Monte Santo, San Gabriele, la selva di Tarnova, la Bainsizza. Legnoso e duro, anche l'antico antifascista maresciallo Enrico Caviglia, il vincitore della battaglia della Bainsizza, dovette sentirsi esaltato nel sapere fanti buoni e coraggiosi soldati volontari aveva raccolto l'esercito repubblicano e quale spirito di sacrificio ed amore patrio animava quei battaglioni della Decima. L'intero IX Corpus jugoslavo e bande autonome titine premevano da Sesana, da Postumia. Le unità italiane compirono miracoli. Diedero prova di una combattività e di un eroismo senza misura.
Quattro battaglioni di marò fecero argine all'attacco dei reggimenti delle brigate slave "*Kossovel*" a "*Gradnik*" su due reggimenti ciascuna. Con i soli 120 uomini superstiti, il "Sagittario" sopportò l'attacco di forze dieci volte superiori costrette a ripiegare quando entrò in linea il battaglione degli assaltatori NP. Contro due compagnie del battaglione "Fulmine" andarono all'attacco gli uomini della 30ª divisione jugoslava "Gorica". Altre quattro Brigate slave ebbero il compito di chiudere le vie d'accesso a Tarnova per impedire l'afflusso di rinforzi agli italiani. Al prezzo di 86 morti e 56 feriti – il superiore numero dei caduti rispetto ai feriti la dice lunga – il "Fulmine" non perse un pollice di terreno. Quando entrarono in combattimento gli uomini del "Barbarigo", del "Sagittario", del "Valanga" e i cannoni dei gruppi d'artiglieria della Decima, il nemico si ritirò battuto.
Le "bande armate del principe nero" Junio Valerio Borghese, i "servi del tedesco invasore" combatterono sino alla fine all'ombra del tricolore. Proprio nel momento estremo ed intorno erano il senso della disfatta militare e i segni della fine, la Decima nella Venezia Giulia trovò nuovi volontari. Nuove compagnie che

portavano nomi "fascisti" come "San Giusto", "Nazario Sauro", "D'Annunzio", "Pola".
Nelle pagine di Zeloni è il racconto delle ultime ore del "Lupo": l'onore delle armi reso a quei combattenti da una prima formazione dell'avanguardia americana, la prigionia per chi è ancora in grado di trascinarsi sulle proprie gambe, l'ospedale per i feriti, i partigiani per nulla spacconi perché son quelli col fazzoletto verde al collo, il suono festoso delle campane ch'è sempre allegro quando le fan rintoccare alla buona. Passa anche una colonna di soldati del re. Uno che è del paese e desidera solo abbracciare la madre, la ragazza se ce l'ha (quasi l'ottanta per cento degli uomini del Corpo Volontari della Libertà erano nativi delle province del Nord), salta dal camion in movimento e lo raccolgono conciato male. Trova posto nell'ospedale dove sono ricoverati i feriti del "Lupo". "Viene sistemato in un letto accanto a Bardi" scrive Zeloni. Presto si stabilisce tra i due una sincera amicizia, il "badogliano" vive e viene curato in mezzo a noi senza che un'ombra di animosità turbi la calma atmosfera della corsia".
Ha ragione, ha dieci e cento volte ragione Piero Buscaroli quando afferma, lo documenta e lo prova, che la guerra civile fu imposta, che "la logica dello scontro fratricida prevalse a fatica" dopo essere stata confezionata "per un sapiente calcolo politico". Operazione comunista, perché solo in questo modo il PCI poteva trovare legittimità altrimenti negata. Per lunghi decenni, scrive ancora Buscaroli, "il saturnale di iperboli e vanterie, menzogne e pagliacciate che si rinnovavano tra le sciarpe dello Scalfaro di turno, non aggiunse mai una parola, un gesto, un concetto rispettabile all'oscuro fantasma (della resistenza) che si dissolve [...] Nessun vero partigiano, nessuno che patisse il carcere o imbracciasse un'arma contro i battaglioni del *Reich* o della RSI può ascoltare senza arrossire le smargiassate che ancora si raccontano profittando del gran tempo passato: dal fatto che due terzi degli italiani non sono più quelli di allora".
I tromboni dell'antifascismo professionale, gli eroi di cartone, i guerriglieri da retrobottega, gli pseudo storici a un tanto al chilo, nel pentolone messo a bollore sul fornello comunista hanno rimestato la loro broda. Come dice Buscaroli, meglio non si potrebbe: "L'aver cancellato, e ricacciato nel fondale polveroso delle comparse (averlo tentato, diciamo noi), gli eserciti alleati, i bombardieri maledetti che polverizzavano, con le città e le cattedrali, anche i ponti e le stazioni, e le navi che coprivano il mare, e le divisioni penosamente risalenti la Penisola, per trasformare una grandiosa invasione dall'esterno in confezione puramente casareccia quale sarebbe la "resistenza" del mito, fu la falsificazione più cialtrona della storia moderna". Non si parli di frittata revisionista. Chi si è battuto nella guerriglia ha testimoniato. Ma la guerra civile e la lotta fratricida con le conseguenze inevitabili vennero scatenate per bestiale calcolo politico. I disegni del partito comunista non coincidevano con la "liberazione", con la democrazia. La guerra, anche dopo la fine del conflitto, doveva continuare contro il "nemico di classe".

L'esercito della Repubblica Sociale Italiana tenne bravamente il campo. La breve pagina scritta in quella stagione durissima ha il timbro di un puro orgoglio guerriero, conserverà sempre una sua luce ideale. In quell'esercito combatterono i "seicento" del "Lupo" e furono tra i "diecimila" della Decima Mas. Servirono la bandiera e l'onore della nazione.

Mi auguro di non disgustare troppo il lettore se cito ancora Giorgio Bocca. Scrive costui: "I marò del «Barbarigo» da Anzio nel Canavese [...] La gente di Strambino, di Cavaglio, di San Giorgio e degli altri villaggi ribelli del Canavese assisté stupita all'arrivo di questi strani fascisti che sembravano ignari della minaccia che li circondava, che entrano in due, in tre nell'osteria dove possono capitare da un momento all'altro i matteottini di Piero o i giellisti di Monti." La miseria! Sai che terrore. Guai se fossero arrivati il Piero e il Monti che poi eran nomi potabili con tutti gli Zorro, Rin-Tin, Kammamuri, Pirata e Fantasma che circolavano, qualcuno magari vestito da prete. No, i marò non sapevano della spaventosa minaccia che incombeva su di loro.

In fondo, a Cisterna, a Littoria, a Fosso della Molletta, davanti alla sacca di Anzio, gli uomini del "Barbarigo" se l'eran vista soltanto con avversari da niente: plotoni di *Ranger* americani, compagnie d'assalto canadesi, blindati britannici della Guardia. Avevano affrontato la carica degli *Sherman* e dei *Churchill*, sopportato il fuoco battente dei 105 e del 155; se mai avessero guadagnato terreno, anche i calibri da 381 di quel paio di corazzate a mollo sotto costa avrebbero parlato. Robetta.

A Bocca ha risposto uno della Decima, Gianni Bonvicini, che ha raccolto con puntualità testimonianze e documenti sui combattimenti sostenuti dalla sua unità. "Il fatto è che, appunto, i marò del "Barbarigo" venivano da Anzio. Un migliaio di ragazzi inquadrati, vestiti ed armati in fretta avevano tenuto per più di tre mesi la linea nelle paludi intorno alla testa di sbarco, stando al fronte avevano acquistato coscienza d'essere soldati alla pari di chi si trovava a loro fianco e dall'altra parte. Ora, i non numerosi superstiti del "Barbarigo" arrivarono nel canavese: che cosa dovevano saperne di giellini e matteottini? Entravano a due o tre nelle osterie a bere un bicchiere di vino o a fare quattro chiacchiere. E speravano che il battaglione avesse presto i complementi e tornasse in linea a continuare il suo dovere. Invece c'era la guerriglia".

Già, la guerriglia. Ma, Dio Cristo!, poteva anche capitare il peggio, ma chi se ne fotte dei partigiani ! avevano affrontato i commandos di Darby, i battaglioni di Lucas, i carri di Harmon, quelli della 7ª corazzata arrivata da El Alamein.

Di nuovo Bocca, vagamente citrullo: "Non è, la guerriglia antipartigiana, la guerra più ambita dai marò, si può credere quando dicono che preferirebbero evitarla, che se ne vergognano" ma ancora Bonvicini, ancora il soldato della Decima: No, non se ne vergognano, perché un uomo non si vergogna mai di fare ciò che i suoi avversari lo costringono a fare." Se sulla strade della guerra, in quella fase intrapresa per riscattare in qualche modo l'ignobile 8 di Settembre e per il futuro della nazione, le bande della "Matteotti" o gli armati di "Giustizia e Libertà" intralciano, si rimuovono e basta.

La Repubblica Sociale Italiana ebbe nel suo esercito il fenomeno più straordinario dell'intera storia militare nazionale. In questo esercito, la Decima Mas fu un fenomeno nel fenomeno. I suoi possenti battaglioni volontari (fanti, paraca-dutisti, assaltatori, pionieri, artiglieri, marinai) costituirono per ardore, coraggio e spirito di sacrificio gli autentici *Freikorps* guerrieri di matrice italica pronti a battersi contro la sorte.

Ripeto: la semplici e onestissime pagine di Spartaco Zelonì sul sacrificio del "Lupo" sono documento e prova di quella battaglia senza speranza. Andava condotta. I veterani superstiti della Decima potranno sempre dire placidamente, pianamente, dopo aver ascoltato a lungo in silenzio valanghe di parole: "Provateci voi a combattere una guerra persa."

L'ULTIMO COMBATTIMENTO DELLA DECIMA MAS

DI UGO FRANZOLIN

Il 1° Gruppo di Combattimento della Decima Flottiglia Mas, agli ordini del comandante Antonio De Giacomo, valoroso sommergibilista atlantico prima dell'otto settembre, si componeva, nella privavera '45, dei battaglioni "Lupo", "Barbarigo", "NP", "Freccia", "San Giorgio".
Siamo all'epilogo. La Repubblica sociale italiana alza la bandiera dell'ultimo combattimento. Non ha armate da schierare per la battaglia finale, ma qualcosa che vale più degli eserciti, del ferro, del tritolo: la certezza delle proprie scelte ideali contro la coalizione perversa del capitalismo e del marxismo.
Il 1° Gruppo di Combattimento aveva assolto il suo compito. Gli Alleati premevano e sostenerne l'urto ormai era impossibile, anche perché tutto il nostro fronte arretrava.
Dalle Valli di Comacchio, lasciato il Senio, si tenta di raggiungere il Po per il guado. Il "San Giorgio", artiglieria, aveva abbattuto due aerei con le mitragliere e i battaglioni avevano sparato sui carri armati nemici con le esili 20/65.
Al Po la 1ª, 2ª, 3ª compagnia del "Barbarigo" sono accerchiate.
La situazione per questi reparti diventa insostenibile. Il "Lupo" esce alla disperata e con l'appoggio delle armi pesanti riesce a restituire al "Barbarigo" libertà di movimento. Ammirevole il comportamento del tenente Cicerone, ferito due volte. Armato di *Panzerfaust* egli attacca ripetutamente le case trasformate dai soldati nemici in vere e proprie fortezze. Altrettanto ammirevole il comportamento del tenente Santandrea, già Medaglia d'Argento al Valore Militare, comandante delle tre compagnie.
Traghettare il Po diventa impresa difficile. Bisogna guardarsi alle spalle dai partigiani, combattere contro gli Alleati che avanzano, difendersi dagli apparecchi che giocano al tiro a segno, approntare i mezzi per raggiungere la riva opposta.
Tutto è buono per il traghetto: barchette, barconi, gommoni, zattere, botti. La corrente del fiume, al centro, è impetuosa, l'acqua ribolle, risucchia, trascina. Gli aerei nemici volteggiano, picchiano, planano, mitragliano, spezzano.
Il Gruppo passa la notte a Codigoro.
La marcia è cosparsa di croci. A Cavarzere cade il tenente medico Maggiani. Un apparecchio lo aveva visto, ma Maggiani non gli bada, deve portare soccorso a un soldato tedesco che rantola nella polvere. Lo raggiunge carponi, taglia la stoffa della giacca, tenta di arrestare l'emorragia. Ma l'apparecchio si abbassa a volo radente e mitraglia.
Maggiani continua imperturbabile il suo lavoro. Dalle buche scavate lì intorno i suoi camerati gli urlano di ripararsi, di buttarsi a ridosso. Adesso il tenente medico Maggiani è riverso, supino, il volto rigato di sangue.
Da Cavarzere i reparti puntano su Monselice, che attraversano incontrando le

prime vittime della liberazione, due uomini a terra, freddati dal classico colpo alla nuca. Ad Albignasego i battaglioni decidono una sosta. Qualcuno avverte che a Padova i partigiani stanno insorgendo. Il comando manda un sottotenente a parlamentare. Ma questi non ritorna. Allora parte una pattuglia al comando del tenente Alberto Gattoni, aiutante maggiore del Barbarigo.
Sono le 17.30. La pattuglia sul ponte di Basanello viene attaccata e Gattoni cade colpito da una fucilata. Viene soccorso da un marò, Mario Zengarini, che, caricatoselo in spalla, ripara dietro una cunetta.
La 2ª compagnia del Barbarigo, al comando del tenente Paolo Posio, passa all'attacco, sparando con le mitragliatrici pesanti e leggere.
La situazione diventa tesa. Arriva da Padova un ufficiale partigiano, tenente Giovanni Del Re, accompagnato dal comandante tedesco della città, piuttosto euforico, costui è scamiciato. È l'unico a non farci bella figura. Il comandante De Giacomo avverte che sarà costretto a sparare con i suoi pezzi da 105. La minaccia raggiunge il suo effetto, anche perché Del Re ignora che i cannoni sono senza munizioni.
Il Tenente partigiano accompagna Gattoni all'ospedale. E' ormai notte. Arriva un capitano inglese per parlamentare. Crede, il vincitore, di avere a che fare con truppaglia mercenaria e sfoggiando un meschino umorismo dice: suvvia, arrendetevi, la razione inglese è migliore di quella tedesca. Un alzarsi immediato di canne di mitra lo ammutolisce. Forse, allora, l'inglese capisce che ha a che fare con soldati.
I reparti raggiungono Padova e prendono quartiere in una caserma di Prato della Valle. Il comandante De Giacomo raduna gli uomini.
Lo schieramento è perfetto, forte, deciso. Il saluto alla voce, "Decima Comandante!", meraviglia il capitano inglese, quello della razione.
De Giacomo parla: "Marinai, a nome del comandante Valerio Borghese vi ringrazio della vostra fedeltà alla patria. Avete fatto il vostro dovere e per voi la parola d'onore è stata religione. Voi siate stati del soldati e chiunque potrà fare affidamento su di voi. Poiché voi sapete impegnarvi fino alla morte".
Il mattino dopo il 1° Gruppo di Combattimento della Decima Flottiglia Mas – è il 29 aprile – riceve dal nemico l'onore delle armi. Adesso inizia l'attesa della sorte.
Passano alcuni giorni, poi arriva l'ordine di partenza. La meta è un campo di concentramento nel Nord Africa.
Fuori della caserma camion sono pronti con militari alleati alla guida e di scorta. Anche la città aspetta i "fascisti". I ragazzi salgono sui mezzi calmi, disciplinati, obbedienti ai loro ufficiali, indifferenti agli ordini di chiunque altro. È primavera, la giornata è tiepida, chiara.
I manifestanti, urlano, inveiscono, sputano, bestemmiano, sghignazzano. I camion partono.
Le urla aumentano, gruppi i esagitati inseguono i camion che procedono lentamente.

Un marò ha un'idea geniale. Dalla tasca della sahariana cava una manciata di monetine di carta che lancia agli inseguitori. Tutti i marò, tutti gli ufficiali lo imitano. Cinque, dieci, cinquanta, cento fogliettini volano e mani frenetiche raccattano nella polvere, fin sotto i camion, in un frastuono assordante, tra spinte, imprecazioni, calci, risse.
Non più facce stravolte dall'ira per la preda che si allontana, ma osceni deretani agli occhi dei marò che hanno vuotato le tasche per comprare con vilissima moneta qualche minuto che vale una vita.

LUPI SULLA LINEA GOTICA

DI SPARTACO ZELONI

I.

Il 4 dicembre 1944 anche il battaglione "Lupo" segue il destino del "Barbarigo" e viene avviato al fronte Sud; sono circa seicento uomini, giovani d'età, equipaggiati ed armati con quanto di meglio si potesse racimolare a quell'epoca, che partono da Milano, senza sentire il bisogno di fare alcun calcolo di probabilità sull'esito favorevole della guerra.
Alla partenza ci saluta il Comandante Borghese; si è bevuto un po' ed il commiato dalla popolazione è stato affettuoso. Una ventina di autocarri prendono a bordo i marò, questa è la denominazione ufficiale del soldato della X^a (in realtà non siamo tutti marinai), ancora qualche ragazza indugia tra gli automezzi intralciando le operazioni di carico; infine tutto è in ordine e la colonna muove, lentamente da Porta Ticinese.
La Val Padana è immersa nella nebbia, si è fatta notte e si procede con molta cautela; sul Po a Viadana, delle chiatte prendono a bordo i camion e li depongono ad uno ad uno sull'altra sponda, ma un automezzo manca all'appello.
Qualche ora più tardi giunge la brutta notizia: l'autocarro con i suoi trenta uomini è precipitato, dai resti di un ponte bombardato, sul greto del fiume Po il Sottotenente Trapani e altri dieci uomini sono morti sul colpo, altri versano in gravi condizioni.
Si parla di partigiani che avrebbero rimosso i segnali stradali, ma nessuno è in grado di dare particolari precisi.
Il Comandante De Martino riunisce il reparto, dice alcune commosse parole per i camerati perduti, il pensiero di tutti rievoca ricordi, nomi e tratti degli scomparsi, momenti di muto dolore; quanto mai inaspettato, poi l'ordine di riprendere la marcia di riavvicinamento riporta una nota di serenità negli animi e proseguiamo lungo la Via Emilia.
A Monte S. Pietro ci accantoniamo e rimaniamo fermi per tre giorni; i contadini bolognesi ci fanno gustare ottime tagliatelle preparate dalle loro donne ed offrono un lambrusco squisito; fuori dai nostri impegni di servizio, trascorriamo ore di felicità patriarcale vicino al focolare ed i molti caccia-bombardieri che spezzonano e mitragliano intorno non riescono a disturbare la nostra pace.
A Monte S. Pietro rimarranno i servizi e purtroppo anche gli automezzi.
L'8 di sera la colonna si avvia a piedi verso la valle del Reno; 30 chilometri circa ci separano di Marzabotto che dobbiamo raggiungere prima dell'alba per il cambio di un reparto tedesco. Siamo stracarichi e nei primi chilometri che sono in forte salita si fatica molto; un cineasta del LUCE, ci riprende, sembra una vacuità, non ci è simpatico forse perché lo vediamo scarico e non suda come noi.

I grossi calibri dell'artiglieria nemica già arrivano nei paraggi, si ode distinto il colpo di partenza dietro la montagna, poi un lungo sibilo e sui costoni in qua e in là si notano gli arrivi, molti dispersi e imprecisi.
Verso la mezzanotte siamo su un valico e si incomincia a scendere da una valletta laterale verso la Valle del Reno. Con una certa curiosità vediamo spuntare dal lungo crinale che ci sta di fronte una linea di riflettori fissi, puntati verso il cielo e da quella direzione viene un rombo di artiglieria che sembra avere la potenza di un uragano e come in sordina si odono da quella parte, in lontananza centinaia di mitragliatrici sgranare rapidissimi tratti di rosario: è la Linea Gotica.
Un'ora dopo Sasso Marconi ci appare come un paese spettrale nella tenue luce dei riflettori anglo-americani che sbucano dalla Val di Setta; un cane abbandonano dal padrone transfuga urla nella notte la sua rabbia, solitario ormai tra le rovine affumicate.
Appena fuori del paese facciamo una sosta. Senza toglierci gli zaini rimaniamo sdraiati ai lati della strada e la nostra fatica trova sollievo in un sorso di grappa ed in una sigaretta; la notte è fredda e piena di stelle.
Lampi improvvisi irrompono nella notte; sembra un temporale a ciel sereno.
Ci si rialza intirizziti, si diradano le distanze e si cammina in lunga fila indiana stilla strada che risale la valle e solo il fiume sciaborda amichevolmente, vicino alla nostra fila.
Poco più avanti una batteria ci inquadra, le schegge sfarfallano rasenti, e siamo riempiti di terriccio. Il tiro sbanda un po', le salve si allontanano di un centinaio di metri e riprendiamo il cammino, ma la batteria ci insegue e ci è addosso ancora ripetutamente. Segnalazioni? Alle tre del mattino circa, arriviamo a Marzabotto, nostra meta: Misa l'antica città etrusca, ci appare non dissimile da Sasso Marconi, un paese distrutto ormai dalla guerra; qui rimarrà la III Compagnia, mentre le altre due e quella di accompagnamento proseguiranno e prenderanno posizione in quota.
Passiamo sulla sinistra del fiume su una passerella sospesa, traballante che ricorda l'Himalaia; ad uno ad uno, perché le mitragliatrici inglesi battono la passerella, seppure in modo approssimativo; nel passaggio ci confortano numerose M.G. amiche che battono in direzione opposta, con tiro prestabilito, a lunghe e rapidissime raffiche.
È ancora notte ed il cambio avviene alla cieca, i tedeschi hanno gran fretta di andarsene, indicano a gesti rapidi le posizioni che non si vedono affatto, fra cannonate e colpi di mortaio, un po' in ginocchio spesso sdraiati: – *Schnell! Schnell* –.
In mezz'ora liquidano le consegne e via, di corsa, verso Bologna! Vanno incontro ad un periodo di meritato riposo.
Mi insedio con parte del plotone in una grotta di pietra, accendiamo una candela. Torme di gatti inferociti sembrano miagolare in aria, le rapide esplosioni si susseguono quasi senza interruzione intorno a noi e la candela non rimane accesa

più di dieci secondi.

Al buio, mi infilo nel sacco a pelo, ma non si può dormire.

Per alcuni fra i più giovani è il battesimo del fuoco.

All'alba il tiro del nemico cala di intensità, si dirada sui costoni, la voce pettegola delle mitragliatrici tace a tratti più lunghi.

Appare la valle del Reno, le montagne sono di una certa bellezza. In fondo verso la Porretta, una cima candida di neve risplende nella luce opalina del mattino, indubbiamente il Corno alle Scale alto quasi 2.000 m, centro di sport invernali in concorrenza con il nobile vicino Abetone.

Presto bisogna mettersi al lavoro finché i nostri dirimpettai lo consentono; dobbiamo sistemarci a difesa e sbarrare la valle, organizzando un nucleo di resistenza, così ha accennato il Comandante di Compagnia, questa notte.

II.

Il Comandante di Compagnia non tarda molto a sopraggiungere: alto e olimpico, occhialuto sullo sfondo cinereo degli occhi, egli ci fornisce i dettagli dello schieramento.
Con lui arrivano gli immancabili *Spitfire* che sventagliano sul ripiano e sfrecciano, quindi, diritti sulla nostra contraerea dove trovano pane per i loro denti.
Sganciano volteggiano come impazziti, ritornano bassi su di noi. «E va a morì ammazzato!» urla un marò e con rabbia scarica sul più vicino il mitragliatore, ma senza fortuna.
Il settore del III plotone è il più elevato in quota e vi applichiamo i canoni della difesa alpina. In una settimana di pala e piccone, approfittai di due o tre giornate di nebbia, le postazioni sono in perfetta efficienza, non rimane che attendere gli anglo-americani. Per dormire ci siamo adattati in ampie caverne naturali ed ogni squadra si impegna per procurarsi le suppellettili, prima di ogni altra, la stufa.
Le giornate trascorrono lente sotto il fuoco incessante delle artiglierie e dei mortai; i nostri pezzi fanno il possibile per controbattere, ma il rapporto è da dieci a uno. Quando c'è visibilità i cacciabombardieri nemici sorvegliano, dall'alto, tutti i movimenti della compagnia, che fa di tutto per rendersi invisibile. Dalla nostra parte a volte, una timida cicogna si leva in volo, sul far della sera, dà una sbirciata dall'altra parte e poi rasentando furtiva il terreno, si ritira con discrezione.
I nostri compagni che operano in prima linea sui monti Maggiore, Sole e Caprara sopportano i maggior sacrifici, soprattutto a causa del freddo e della difficoltà dei rifornimenti; fra i primi feriti c'è il Tenente Benzoni, comandante della II Compagnia.
Dai nostri nidi di falco dominiamo tutta la valle; tre muli salgono fino a noi con le vettovaglie ogni notte. Durante il giorno i movimenti vengono ridotti al minimo. Vita da alpini ed un ponte ideale mi unisce alla Divisione "Monterosa" che opera con valore sull'altro versante dell'Appennino, in Garfagnana. Là ci sono i veci della Grecia: il Maggiore Bepi Anzil, il Capitano Carlo Giacomelli, Terra-Abrami Martinazzo e tanti altri ribelli dell'8 settembre.
Ricevo da Udine una lettera di Luciano Caporiaccio, uno dei migliori amici fra gli studenti udinesi. Egli esprime il suo rammarico per non poter essere qui con noi ed ha nobili espressioni di solidarietà per tutti i camerati in armi. Luciano sta combattendo, anche lui, una dura battaglia, sotto certi aspetti più rischiosa della nostra: scrive sui giornali repubblicani e si rivolge spesso agli avversari, col suo stile inconfondibile fatto di intelligenza e di profonda umanità, senza mai un accenno di odio nella speranza, di conciliazione o almeno di una mitigazione della lotta fratricida. Incurante del suo stato di salute egli si sobbarca questa fatica, sotto la spinta del suo animo generoso, finché il fisico cederà.
Lo, ritroverò sei mesi dopo in cimitero, il suo nome inciso su una pietra e sotto tre

parole: Patria, Onore, Fedeltà.

A metà dicembre gli echi delle offensive germaniche delle Argonne portano anche sulla linea Gotica una ventata di ottimismo. Il discorso del Lirico viene letto e commentato con interesse, nelle caverne, mentre fuori nevica.

Il bianco mantello cancella per qualche ora, i segni più esteriori delle devastazioni e camminare sulla neve è camminare leggero, sul pulito dopo tanto fango. Andrebbero bene un paio di sci, ma ne siamo, purtroppo sprovvisti.

Il Sergente Scalona si è scazzottato con un Maresciallo tedesco, per la solita storia dei maiali allevati dai retrostanti artiglieri e difesi dall'ingordigia generale, con l'ingenuo cartello «*Achtung minen*».

La sera, nella spelonca, c'è il maiale che cuoce e spande un gradevole odore, poi ognuno ha il suo pezzo, si beve e si sta allegri.

Basadonna Junior, ritratto vivente di Misha Auer recita la commedia in veneziano e si vale, come copione, delle lettere della morosa, di carattere piuttosto intimo. Commenti salaci e risate. Un pezzo di costata è stata messa da parte anche per le vedette, per quando ritorneranno, dopo ore di immobilità nelle postazioni scaglionate sulla gelida dorsale della montagna.

Vengono e vanno gli *Spitfire* e, questa volta invece di spezzoni lasciano cadere centinaia di volantini, con l'invito a passare le linee, che saremo trattati con tutti i riguardi e conforts.

Incetta dei volantini per usi strettamente igienici e ci scusi il firmatario degli stessi, un generale inglese di molti titoli e di grande fama, estensore di diari malevoli nei riguardi del soldato italiano in genere.

Marzabotto salta in aria un'ennesima volta; al di sopra di una densa nuvolaglia volano pezzi di muro, imposte e purtroppo anche i residui del museo etrusco.

Erasmi è andato tra le macerie a cercare ninnoli etruschi e ha raccolto uno zaino di ciondoli verdastri, dice che vuol portarli alla sua Università di Trieste, per salvarli dalla distruzione.

La valle è scossa come da un moto tellurico, i mortai scavano altre buche per il rimboschimento, mentre gli schrapnels frugano insidiosamente le forre gli anfratti in cerca di sagome mimetizzate.

La vigilia di Natale giunge, inatteso, l'ordine di consegnare alla *Flak*[1] le postazioni e di rientrare alla *Tross*[2] di Monte S. Pietro. Lascio a malincuore le alture sulle quali mi sentivo ben munito e scendo, con le prime ombre della sera, a fondovalle, con quaranta marò e i tre muli.

Sulla passerella un mulo scivola, rimane incastrato nei cavi di sospensione con una gamba anteriore ed una posteriore, il corpo penzola tutto nel vuoto, venti metri sotto scorre vorticoso il Reno. È un mulo e ci dispiace vederlo soffrire così atrocemente. Cerchiamo di recuperarlo con una corda, ma invano; la passerella oscilla e rischia di cedere sotto il peso. Dobbiamo finirlo e farlo precipitare.

---

[1] Contraerea.
[2] Comando, logistica e servizi.

Lo vediamo sparire fra i gorghi e ci fa pena, povera bestia. In montagna si finisce sempre con lo stabilire vincoli di affetto con questi forti animali.

Si scende celermente sulla Porretana, diradati e carichi. Nevica ed il fragore delle artiglierie si attutisce, lo si avverte come ovattato ed irreale. Salita e, poi, la lunga discesa sul vetrato della strada, appena coperta di neve. Continue tombole, con fracasso di armi e di cassette di munizioni, imprecazioni a stento represse. Alle nove circa siamo di nuovo a Monte S. Pietro, dove i ragazzi vengono accantonati nelle stalle.

È la notte di Natale ed in ognuno c'è nostalgia di casa.

Le ausiliarie distribuiscono con mano gentile il pacco dono ed hanno per tutti un sorriso. Gran festa al Comando di Battaglione; ci vado in compagnia di Sannucci che cavalca un asinello e con Cuneo, Arisio e Bertelli; per la strada l'VIII Armata insiste nel fischiare inni non propriamente adatti alla circostanza.

Sono presenti alla festa, oltre al comandante De Martino, tipico officiale di marina: il Vice-Comandante Stripoli, l'animatore del "Lupo"; Franquinet, corrispondente di guerra e bevitore di grande capacità; Don Bruno Falloni, bonario censore in mezzo alla baraonda; Lodi, Durante, il medico Sala e altri valenti bevitori. Il ritorno avviene alle ore piccole, dopo abbondanti libagioni e canti. Entro nella stalla e accendo la pila, uomini e bestie vi giacciono alla rinfusa e occupano tutto lo spazio. Mi sdraio, allora, nella mangiatoia e mi sprofondo nel sonno. Al mattino mi sveglia la lingua ruvida di una mucca: vedo vicino, due grandi occhi attoniti ed un paio di corna.

Mi alzo in fretta e scivolo via. La ghiottona leccava il sudore della mia fronte, il sudore dei 30 chilometri di marcia della sera precedente.

Il giorno di Natale ci porta due liete sorprese: la visita del principe Junio Valerio Borghese e il rientro dall'ospedale del marò Menichetti, scampato al disastro di Viadana sul Po.

La notte del 26 e 27 dicembre l'unità riprende il movimento, con gli automezzi. Attraverso Bologna, muta ed oscura sotto l'incubo dei bombardamenti a tappeto, si infila la Via Emilia, deserto viale di una immensa necropoli, e si raggiunge Pratolungo a Nord-Est di Fusignano.

Il Battaglione "Lupo" dovrà schierarsi tra Alfonsine e Fusignano alle dipendenze tattiche della 16ª Divisione corazzata delle SS «*Reichsführer SS*».

Alla III Compagnia il compito di fronteggiare il nemico che si annida in forza fra le rovine della Rossetta a sud dell'argine destro del Senio.

Sta per incominciare il carosello ad armi corte, nel quale il "Lupo" getterà l'anima di tutti e la vita di molti dei suoi componenti.

Le ultime giornate del 1944 ci trovano nelle immediate retrovie, mescolati ai civili di Pratolungo che chiamano «liberatori» quelli che noi consideriamo nemici a tutti gli effetti, senza spavalderia da parte loro, ma solo per abitudine contratta, ormai, e noi tolleriamo quel difetto di pronuncia perché la simpatia e la cordialità che improntano i nostri rapporti sono di una naturalezza tale che non meriterebbe guastarla con dei formalismi.

Se c'è qualche altercо fra i civili e i germanici a causa degli alloggi che scarseggiano sempre più per il diuturno sgretolamento, interveniamo subito e otteniamo comprensione da parte degli alleati ed in qualche modo si conciliano le esigenze logistiche con quelle del «tira a campà» di questi contadini attaccati alla terra, oltre ogni logica considerazione di sicurezza.

Una granata alleata entra in una stalla, ferisce alcuni di loro e toglie la vita ad una bambina.

Passa l'indomani sul ghiaccio della strada una piccola bara bianca accompagnata da uno sparuto gruppo di compaesani e noi grandi e robusti armati fino ai denti ed incolumi stiamo a guardare dai lati della strada con una specie di vergogna di fronte al destino che avrebbe dovuto, semmai scegliere uno di noi, e non quella creatura innocente.

Quella notte anneghiamo nel vino la malinconia, il freddo e quel po' di nervosismo che l'attesa comporta. Siano andati oltre i limiti del lecito, il vino viene servito dai capi-squadra in bacinelle, e da quelle abbiamo attinto tutti ripetutamente.

Farcis (il morlacco) ha la "cioca vajota" ed uno strano presentimento: è triste e taciturno. Leoni, un loquace romagnolo, lo ammonisce e gli dà pugni sulle spalle: «Su, fatti animo, siamo a una festa, burdel!», finché il ragazzo si rianima e torna ad abbozzare un sorriso.

L'ordine di attestarsi in prima linea ritarda di 24 ore e ci trova per fortuna liberi dai fumi dell'alcool.

Nella luce fresca e crepuscolare del 28 dicembre la III Compagnia si stacca dalle altre due ed in rada fila indiana si muove sulla strada che conduce all'argine del Senio.

A Pratolungo rimangono il comando di Battaglione ed i servizi.

La I Compagnia va a rinforzare le difese di Alfonsine, la seconda Compagnia è destinata a Lugo, e per intanto fungerà da riserva da manovrare secondo le necessità.

È chiaro ormai, che saremo inframmezzati con le Compagnie delle «*Reichsführer SS*». Dall'altra parte ci sarà di valido aiuto disporre della organizzazione di una Divisione, su un terreno piatto come questo di Romagna, dove l'avversario dispone di forze corazzate e di un nugolo di aerei.

I soliti grandi riflettori segnano le linee dall'Appennino alla Marina di Ravenna, il loro allineamento appare qui imponente, geometrico: sciabole di luce di una arcana e moderna divinità della guerra. Il rombo delle artiglierie è sempre continuo e assordante; innumerevoli mitragliatrici gracchiano dialoghi concitati.

Sembra che non ci sia laggiù, sotto i riflettori, un metro quadro dove si possa sopravvivere un giorno. Un pivello lo potrebbe credere, ma noi sappiamo, ormai, che è la concentrazione acustica a creare quella funesta illusione.

A 300 metri dall'argine gli addetti al comando di Compagnia e Bertelli con i mitraglieri si fermano e vanno a prendere possesso di tre case coloniche, sforacchiate, dove si installeranno. Sannucci ci guida sotto l'argine, collabora con lui un ufficiale della «*Reichsführer*» che porta molto bene il suo M.P.

«Cuneo con il II plotone argine Nord! Zeloni, con il III plotone: Arisio con il I l'argine sud».

Uno alla volta saliamo la scarpata, passiamo carponi il primo argine, scendiamo a metà, oltrepassiamo un ponte di legno, siamo sull'argine davanti, che forma la prima linea. Divieto di parlare, divieto di fumare, i canadesi, sono a poche decine di metri, avverte il comandante.

Un sentiero defilato tre metri circa sotto il filo dell'argine collega tutta una serie di bunker.

Le postazioni, sono sopra, sul filo dell'argine, e vi si accede con stretti camminamenti.

La scarpata Sud è gran parte minata, solo sentieri che scendono in diagonale nella breve terra di nessuno sono percorribili.

Il cambio avviene alla svelta; com'è d'uso. Arisio ed io ci dividiamo il settore per metà, disponiamo gli uomini nei bunker sulle postazioni e ci assicuriamo sia tutto in ordine.

Sono davanti al bunker con i capisquadra Mauri, Martelli e Mazzolini, intento alle rifiniture, quando si presenta l'*Oberschar*[3] Ludwig che dice di essere addetto al collegamento ed inoltre mette a nostra disposizione una squadra di *Panzerschrek* (tubi di stufa)[4].

Molto bene per tutto ciò, ma il guaio è che pretende di alloggiare nel bunker che io e Monti dividiamo e dove non c'è assolutamente spazio per un terzo. Siccome insiste con una certa arroganza, lo mando al diavolo in italiano e in tedesco.

Ludwig trae un vanghetto dal suo zaino e si mette a scavare con pazienza e tenacia; capisco che ha intenzione di dormire all'aperto. Il termometro deve essere sotto lo zero di quattro o cinque gradi. Potrei sistemarlo in qualche altra tana, ma data la sua insolenza lascio che si arrangi.

Nelle tane si è al sicuro, con tre metri di terra sopra.

L'ingresso è coperto da un telo tenda, ed in due persone, che alitano, più una candela che arde, la temperatura si stempera, ma ci sono frequenti allarmi, e allora bisogna saltar fuori e rendersi conto di quello che succede. Basta che nel buio un rumore sospetto venga captato da una sentinella che tutto il settore va in allarme. Una raffica di mitra e lo scoppio di una bomba a mano provocano subito due o tre minuti di fuoco, da ambo le parti.

Il settore tace, salvo a ricominciare un'ora dopo.

Poi c'è l'ispezione, le pattuglie che rientrano, magari con disguido di tempo e di luogo, c'è insomma lavoro per molte ore. Prima dell'alba siamo investiti dai mortai e dobbiamo rinserrarci nelle strette postazioni a semicerchio o a croce, che

---

[3] *SS-Oberscharführer*, Maresciallo delle *SS*.
[4] Il *Rakete Panzerbüchse 54*, lanciarazzi controcarro da 88 mm.

per fortuna abbondano, sono anzi in eccedenza perché i nostri effettivi non ci consentono di occuparle tutte. Cinque minuti di fuoco intenso concentrato fra i due argini (molti colpi vanno a finire in acqua) poi incominciamo a pettinare l'argine con tutte le armi leggere, portate avanti dalla base fino all'altezza degli avamposti ed oltre.

La reazione è immediata, se ne vanno. Così sarà ogni notte, così sarà spesso all'alba. Anche Ludwig è saltato fuori dalla sua fossa, tre o quattro volte e si è unito a noi; prima dell'ultimo allarme ho potuto osservarlo nel suo singolare bivacco. Era steso nella sua fossa coperta da un telo tenda; quando ne è uscito livido dal freddo e tutto sporco di terra, pareva un Lazzaro.

Col diffondersi della luce del giorno ci si rende meglio conto del sito l'acqua del fiume scorre in corrente veloce e fumiga di freddo, i bordi sono ghiacciati; dei tronchi di abete abbinati che fungono da passerelle, per ogni tratto di 300-400 metri, sono bianchi di brina e devono essere molto sdrucciolevoli.

Con precauzione e solo sulla sinistra si possono mettere gli occhi fuori dall'argine, si notano camionette cingolate di sagoma esotica[5] immobilizzate con il muso alla base della scarpata; un carro *Sherman* probabilmente forato, fuso da un *Panzerfaust*, col cannone reclinato sul petto d'acciaio, le rovine della Rossetta sede degli avamposti canadesi a duecento metri sulla strada che poi continuando, si avvicinava fino a trenta metri dall'argine.

Portandosi davanti all'avamposto più vicino, un casolare ancora intatto, si può annusare un gradevole aroma di caffè che i canadesi preparano; unico segno di vita dei comignoli che fumano.

Il 29 notte esce la prima pattuglia italo-tedesca composta da quattordici elementi, sette per parte. Comanda la squadra italiana il Sergente Viviani, un tipo calmo e deciso che ostenta un paio di baffi di capecchio ed un puro accento del canale di Giudecca. La pattuglia si insinua tra gli avamposti canadesi, li oltrepassa, avanza nelle tenebre verso quella che deve essere la loro linea, individua un grosso carro armato mimetizzato con frasche. Il marò Bellagamba viene staccato dagli altri; avanza strisciando, punta il *Panzerfaust* verso la pancia del bestione, una lunga fiammata all'indietro ed un lampo sulla corazza sanciscono la fine. Bruciato. I componenti della pattuglia rientrano incolumi alla base. Allo scoccar della mezzanotte del dicembre 1944 italiani, tedeschi, canadesi inglesi, tutti i combattenti della linea gotica, salutano l'anno nuovo dalle opposte sponde scaricando ogni tipo di arma.

L'Orsa Maggiore, la Stella Polare ed una miriade di altre stelle lucenti stanno a guardare dal cielo turchino, le stranezze del mondo.

Il fronte si incendia completamente, è uno spettacolo stupendo e terribile nello stesso tempo. Nella fantasmagoria delle traccianti, dei bagliori, beviamo del cognac e ci facciamo gli auguri, fra noi e i camerati germanici.

Uniti nel rischio sentiamo l'orgoglio di partecipare a questa strenua disperata

---

[5] Portatruppe di tipo *Bren Carrier*, da 3.75 tonnellate.

difesa della vecchia Europa, della quale ci sembra essere figli non indegni. Anche se gli avvenimenti non volgono a nostro favore sappiamo di difendere oltre i territori, una concezione di vita individuale e sociale rispondente alla nostra natura ed educazione, forse non priva di qualche difetto, ma ben valida soprattutto se paragonata all'equivoco, all'inganno della propaganda avversaria; come andrà a finire tutto il resto ci interessa poco, non intacca la scorza della disciplina e del dovere che abbiamo volontariamente accettato.

In questa notte di S. Silvestro, rimane ferito poco distante da noi, Giorgio Zane di Venezia, della Compagnia Mortai.

Mancando ancora della conoscenza del terreno e dell'ubicazione dei servizi, egli si trascinava a piedi, girovagando per ore nel buio, alla ricerca di un ospedale da campo.

L'anno nuovo trova i nostri uomini-Civetta intenti ad individuare i nidi dei cecchini della «*Hudson Co*» che insidiano l'argine.

Santoni, maledetto toscano, lavora in copia con Tonnetti, trasteverino.

Il primo fa da richiamo; sporge il braccio teso fuori dalla postazione e con l'altro fa un gesto sconcio di significato, credo internazionale all'indirizzo dei tiratori Alleati, accompagnando il gesto con una sequela di epiteti altrettanto scurrili. Dall'avamposto parte un sibilo e una nuvoletta. Tonnetti si alza rapido, spara nel centro della nuvoletta e si riabbassa.

Il gioco dura un poco, poi entrambi rimangono feriti, l'uno al braccio, l'altro alla mano.

Il risultato dall'altra parte rimane incognito, nessuno può andare a controllare.

Voltolina ed altri issano l'elemento su un bastone e pian piano lo fanno sporgere dal terrapieno. Tapum! Centro.

Un tedesco di passaggio, malgrado gli avvertimenti, sporge l'elmetto con la sua testa caparbia dentro. *Kaputt*. Mi chiamano, vado a vederlo.

La morte lo ha fermato in una espressione orribile.

Mentre il suo tenente lo copre con una coperta mi si evocano alla mente le parole di Zarathustra rivolte ai guerrieri "Siate bruti, ebbene avvolgetevi nel manto del sublime".

I poeti amano, talvolta i paradossi, e Nietzsche in special modo.

L'*Untersturmführer*[6] entra nella postazione, mette fuori uno specchietto da trincea per vedere da dove è partito il colpo fatale. Tapum. Lo specchietto vola in mille pezzi.

Da questa notte le pattuglie cominceranno ad attaccare uno ad uno gli avamposti che ci stanno di fronte e che costituiscono una spina tattica del nostro fianco.

L'attacco ai capisaldi canadesi comporta una serie di perlustrazioni (*Spähtrupp*) e assalti notturni a piccoli gruppi (*Stosstrupp*) secondo una ben nota condotta di Kesserling di difesa attiva che, valendosi del fattore uomo quale elemento preminente, riecheggia nell'uso dei mezzi scarsissimi rispetto a quelli

---

[6] Sottotenente delle *SS*.

dell'avversario, i congeniali espedienti del prestigioso Rommel, la volpe del deserto.

In una delle prime perlustrazioni diurne, a corto raggio, qualcosa salta sotto i piedi di Gandini, i compagni lo riportano sul fiume con un piede in frantumi; è molto agitato; lamenta una forte sete e bestemmia come un turco mentre viene allacciato sotto il ginocchio per ridurre il più possibile l'emorragia. Dopo che ha scolato una mezza bottiglia di acquavite, si sente meglio e trova ancora il tempo, tra un sorso e l'altro, di rivolgere a noi che gli siamo premurosamente intorno, il rituale invito «Chi non beve con me, peste lo colga», invito che deve essere sempre accertato, pena la squalifica. Si dichiara quindi pronto a farsi accompagnare indietro, il che costituisce un'impresa aleatoria, per l'attraversamento del secondo argine sotto il controllo dei Bren e del terreno retrostante fino al posto di raccolta feriti, battuti e ribattuto dai mortai, dai semoventi e dagli aerei, *Spitfire*, *Hurricane* ed altri sparvieri che hanno il dominio incontrastato dell'aria.

Quando potrà arrivare all'infermeria il medico Sala farà il resto per la gamba e Don Bruno potrà emendarlo davanti a Dio per le incontinenze verbali di questa mattina.

Don Bruno Falloni ha sulla truppa l'ascendente dei comandanti, un ascendente di carattere più intimo e pacato di quello del leggendario Junio Valerio Borghese, comandante di tutta la Decima, lucido organizzatore e freddo esecutore di una formazione militare di gran efficienza al servizio della R.S.I.; né quello di De Martino e dello spericolato Renato Stripoli, ex ufficiale dei battaglioni «M» e di altri che portano sul petto i segni del valore Don Bruno ha l'ascendente dell'uomo buono illuminato, in grado di capire e di compatire, all'occorrenza, tanto come ed in più, per lunga pratica, scaccia i demoni coi bastone da quest'ambiente abbandonato dagli spiriti benigni.

Anch'io lo stimo, come gli altri, e lo considero con simpatia. Col suo bastone mi ricorda Piff, il cappellano militare del II Gruppo Alpini Valle, di stanza a Giannina in Grecia che usava un randello per scacciare il demone del turpiloquio che, tra gli alpini aveva trovato un pascolo pressoché inesauribile, e le randellate piovevano sulla schiena degli incauti che si lasciavano sorprendere dall'intrepido figlio di Dio.

Arrivò un tempo che Piff era segnalato, durante la marcia, nei territori degli «andartes», come il pericolo che sovrasta su certi ghiaioni e rocce friabili e quando Piff risaliva la fila, da tergo, col suo randellaccio, gli alpini lo segnalavano e si passavano la voce: «Sasso, attenzione, sasso!».

E subito il linguaggio si trasformava sulle bocche di quei rudi veterani, tagliati ad ogni genere di fatica e di rischio, e diventava meno rauco, più urbano, quasi da salotto e e gli intercalari più spinti erano al massimo: «Ostrega e Sacrabò». Piff è rimasto in Germania con quella parte degli alpini che hanno ritenuto di deporre le armi con l'8 settembre.

L'argomento mi ha preso la mano, ritorniamo ora, alle note del taccuino, note, a

dire il vero, scarne e sulle quali mi è successo e mi succederà ancora di divagare.
Durante la prima settimana, Cuneo è incaricato da Sannucci di condurre una pattuglia notturna di ricognizione con eventuale attacco sull'avamposto canadese di Via Bellaria.
Cuneo è un genovese proveniente dai bersaglieri, rosso di capelli e di temperamento molto vivace, ha un mitra corto che tutti vorrebbero avere: una rarità.
Egli non si fa certo pregare, parte deciso e, pur non avendone il compito specifico, attacca il fortilizio, si porta con la pattuglia sotto le mura esterne e striscia alla ricerca di una porta finestra che gli consenta di penetrare all'interno.
I canadesi, che hanno barricato porte e finestre, irrorano il terreno circostante coi *Bren* e spazzano la base dei muri con bombe a mano. Maluta ed un altro rimangono feriti da alcune schegge e Cuneo, vista l'impossibilità di penetrare, decide di ritirarsi.
Sull'argine la vita non è facile. Il nostro spirito di adattamento è messo a dura prova; il servizio di sorveglianza è assiduo durante il giorno e diventa meticoloso nel corso delle lunghe notti invernali; le orecchie delle sentinelle fanno l'abitudine a percepire ogni più lieve rumore nel sottofondo abituale del fracasso balistico, devono stare sempre all'erta.
I mitragliatori *Breda*[7] si rivelano delicati a contatto della sabbia, richiedono un paziente lavoro quotidiano di pulitura e lubrificazione, mentre la pesante[8] rozza e semplice non fa capricci, canta sempre bene e si fa valere sulle rivali.
Ludwig ed i suoi teutonici si sono definitivamente aggregati a noi e tengono i loro tubi di stufa con i relativi razzi nei luoghi più asciutti e riparati: è un tesoro che bisogna conservare gelosamente. Fra tanti rumori quello dei carri è il più sgradevole, peggiore dei ronzio degli *Spitfire*, *Hurricane* che sorvolano a squadriglie le nostre buche. Golinelli, quel ragazzo tarchiato che si occupa anche dei muli, è stato sorpreso da uno *Spitfire* mentre era intento al disbrigo di inderogabili necessità corporali dietro l'argine e, per grottesca fatalità, è stato ferito piuttosto seriamente dalle schegge di uno spezzone nella parte meno nobile.
Per il resto tutto procede ordinatamente, i servizi funzionano bene per quello che concerne munizioni, vettovaglie, sigarette ed alcolici, una deficienza si riscontra nei lavori di pala e piccone; questi volontari hanno poca inclinazione per lo sterro, meno male che la *Todt*[9] ha provveduto prima che la zona diventasse calda, a scavare tutto quello che occorre.
I comandanti di plotone sono chiamati ogni giorno a rapporto da Sannucci nell'ampia casa colonica in fondo al campo, dietro l'argine, proprio al centro dello schieramento della III Compagnia.
È un piacere trovarsi tutti riuniti, per un'oretta, vicino al fuoco, bene inestimabile

---

[7] Il fucile mitragliatore *Breda 30*, in calibro 6.5 mm.
[8] La mitragliatrice pesante *Breda 37*, in calibro 8 mm.
[9] L'Organizzazione *Todt*, lavoratori militarizzati.

per chi vive giorno e notte nel freddo delle postazioni; ascoltare il suo discorrere sobrio, bere dei brulè, non importa se intanto salta un pezzo di tetto o nella stalla comunicante un asino viene squartato in due da una granata.

La presenza di Sannucci è un invito alla compostezza, all'autocontrollo.

Tutta la compagnia sente l'influsso di questo, in apparenza pacifico, laureato in legge, e quando il comandante capita in linea, e ci capita spesso, la sua presenza porta con sé un senso di fiducia che allevia la tensione e lenisce la stanchezza per le notti insonni, per il duro «ménage» quotidiano.

Nei bunker crescono intanto e si moltiplicano le bestioline nate sull'Appennino e nelle poche ore di sonno, con le scarpe sempre nei piedi, i sogni di fanciulle tenere ed amorose diventano quasi un controsenso. Anche a me capita talvolta, tra una sigaretta e l'altra, nel dormiveglia del sacco a pelo, di ricordare il passato.

Ho sognato anch'io, e mi è sembrato, di sognare Marlene, la dolce compagna dell'ultima licenza: eravamo insieme sulle colline di Tavagnacco nel rezzo di un limpido settembre friulano: lei aveva il profumo di una rosa e mi era tutta vicina. I particolari della sua figura, del suo volto, mi erano riportati ed ingranditi dall'immaginazione: quella bocca che falliva simpaticamente nella vu per l'uso del castigliano, gli occhi verdi pieni di spensierata felicità.

E anch'io ero fresco pulito e pieno di gioia di vivere.

Porque son, miña, tus ojos
verdes como el mar, te queias;
verdes los tienen les nayades,
verdes son las Minerva,
de las huris del profeta.

La spirale del sogno abbandonava i chiari orizzonti per inseguire Marlene, fluiva nel miraggio di una intimità ritrovata, quando mi sveglio di soprassalto.

Allarme!

Mi passo la nano sulla faccia sporca di terra e di grasso, sulla barba ispida.

Come un automa sguscio dal sacco a pelo, cingo il samurai.

Agguanto il mitra e mi butto fuori nell'aria gelida della postazione.

Finisco di prendere coscienza mentre già il primo caricatore sgrana i bossoli a lunghi tratti sulle fiammelle che vedo dall'altra parte.

Fischi prolungati e rabbiosi sfiorano le nostre teste schiacciate sul terreno.

Infilo il secondo caricatore e salto in un'altra postazione. Spedisco quattro parolacce ai ritardatari ed altre quaranta pallottole sulla pattuglia in agguato.

Quando, dopo pochi minuti, il nostro fuoco aumenta e sta per raggiungere il volume pieno, la pattuglia tace si dilegua nelle tenebre.

All'alba potranno ritornare più numerosi, ma si avvicineranno di meno.

Mefistofele, un giovane milanese così soprannominato per il pizzo di capra, durante uno di questi attacchi è stato colpito; scivolando ha lasciato andare il mitragliatore, poi si è ripreso un momento, ha continuato a sparare finché è morto! Il suo vero nome era forse Malavasi?

Fra i ritardatari ci sono spesso i più giovani, i sedicenni scappati dalla decima col dubbio consenso dei genitori: Mario Menichetti di Firenze, Gino De Rosa di Roma, Monaco di Brescia.

Questi soldatini implumi fanno i galletti di giorno, sono curiosi e talvolta incoscienti, vanno in giro dentro e fuori dagli argini malgrado gli ammonimenti, e di notte nannano; non bevono, non fumano e hanno il sonno lungo e profondo, dormono come giovani ghiri e per tirarli fuori dalle loro tane ci vuole la gru.

La notte successiva è la volta di Bertelli e dei suoi mitraglieri ad uscire dai rifugi pieni di vettovaglie, di vino di altri generi di conforto arraffati in giro, per andare a fare quattro passi alla Rosetta. Bertelli è un aretino e con l'ironia tutta sua ha scelto come aiutante Toni Zandinella, figlio della Serenissima, proprio quello che lo fa andare più in bestia.

Il giorno prima il Sottotenente Bertelli aveva ordinato a Zandinella e Biagioni di rifare il bunker perché quello fatto dai due compari non lo riteneva sicuro.

Non è la prima volta che i due marò ricevono l'invito e adesso l'ordine è categorico.

«Se fra due ore il bunker non è pronto vi legherò al palo», minaccia Bertelli.

Toni è capace di dormire, come e meglio del Principe di Condè, alla vigilia di una battaglia e anche Biagioni ha molti requisiti, ma il lavoro manuale non è fatto per loro.

Bertelli, ritorna puntualmente, allo scadere del termine e domanda l'esito del riattamento.

«Signor Tenente, il bunker non l'abbiamo rifatto, abbiamo preferito preparare il palo»

Gli indicano il luogo della espiazione e si mettono sull'attenti.

Bertelli guarda il palo, guarda i due e va via mugugnando.

Stanotte vanno a fare gli spettri insieme il Tenente Zandinella, Biagioni e altri sette volontari.

Sono divisi in due gruppi, il secondo gruppo è guidato dal Sergente Pezzella. Ci sono, oltre ai summenzionati, Scalona, Coloru, Beccarla, Visotti, Valmori, Colombo.

Dalle note di Zandinella trascrivo, testualmente, i fatti che riguardano queste ed altre due sortite consecutive:

«Siamo due squadre di cinque uomini, usciamo dall'argine di notte fonda. Le due squadre avanzano parallele, distanziate da una cinquantina di metri circa.

Tengo i collegamenti tra le due squadre. Bertelli mi fa fare la spola tre o quattro volte, la prima, dopo una litigata, in direzione che egli ritiene giusta e io sbagliata. Sorpassiamo la chiesetta. Un fossato ci impedisce ora di proseguire.

È largo ghiacciato, si potrebbe far rumore e Bertelli mi ordina di cercare una scala o qualsiasi altra cosa da potersi usare come passerella. Trovo, invece, non molto lontano un terrapieno sbarrato, però, da un cancello.

In quel momento, malauguratamente, gli spari son radi ed il rumore che faccio aprendolo è (o sembra nel silenzio della notte) tremendo.

Quando, dopo essere passato dall'altra parte e fatto cenno a Bertelli di girare, questi mi raggiunge, il suo linguaggio nei miei confronti è piuttosto volgare.

Avanziamo ancora un po'. Non troppo lontano c'è una casa. Bertelli fa piazzare gli uomini delle sue squadre (ora riunite) e manda me con Biagioni e Scalona, avanti.

Raggiungiamo con cautela la casa, entriamo e... ne usciamo poco dopo con un civile. In mutande e coperta sulle spalle viene accompagnato da tre uomini della pattuglia, indietro, al comando.

Più tardi, dopo aver avanzato ancora un po' rientriamo tutti.

La notte dopo altre pattuglie di mitraglieri.

Più o meno gli stessi uomini riuniti in una sola squadra comandata dal Sergente Pezzella. Raggiungiamo facilmente, pur procedendo con cautela, la casa della notte prima.

Ci appostiamo oltre la stessa e attendiamo.

Per poco ne esce una sparatoria con una squadra tedesca. La parola d'ordine non funziona, ma ci troviamo a naso a naso per cui è facile riconoscersi e spiegarsi. Rientriamo quando una nostra squadra, non so quale, occupa la casa.

Terza pattuglia consecutiva. La comanda ancora Pezzella.

Con me è sicuramente Biagioni. Gli altri non ricordo bene. Forse Biondi, mi sembra di ricordare Erasmi e Fondaccioli. A questi capita di rimanere un bel po' fermo immobile, ma sacramentando, immerso nell'acqua.

Mentre sparavano e noi tutti ci eravamo accontentati di stenderci a terra, lui cercando rifugio più sicuro si butta in una buca, dove, sotto lo strato di neve e ghiaccio c'è dell'acqua. Sparano fitto e le pallottole fischiano talmente basse che quello trova conveniente non saltar fuori.

È nel ritorno che facciamo leggermente spostati rispetto all'andata, che io e Biagioni, mandati avanti a perlustrare la zona, udiamo in una casa rumori sospetti. Facciamo cenno agli altri di fermarsi e di prendere posizione. Strisciamo in avanti e lungo i muri trattenendo perfino il fiato. Troviamo una porta, entriamo improvvisi, armi puntate.

Ma si tratta soltanto di un maiale che, prigioniero, ormai morto e graditissimo, ci trasciniamo nella neve con le cinghie dei pantaloni, fino alla nostra posizione».

Nella relazione di Zandinella tra gli episodi buffi che succedono sempre, anche nelle contingenze serie, fra gente sui vent'anni o giù di lì, c'è la nota che riguarda l'occupazione stabile di una casa, da parte di una squadra.

Casa che non si trova sullo schieramento discontinuo degli avamposti canadesi, nella zona più lontana dalla nostra linea.

Anche Arisio ed io andiamo, nottetempo, in punta di piedi a visitare la piccola base, che d'ora innanzi sarà un punto fisso d'appoggio per l'esecuzione di ulteriori attacchi con lo scopo di far sgombrare dai canadesi la strada Rossetta-Alfonsine e tutto l'abitato che vi si appoggia.

III.

Sta per finire la prima decade di gennaio; il gelo cede improvvisamente sotto le blandizie dello scirocco, il terreno si ammollisce, i nostri scarponi rimescolano la mota, e diguazzano con passo appiccicoso e lento.
Sono le nove di sera, e tanto per concedermi uno svago conduco una squadra di rifornimento delle munizioni, nella zona detta scherzosamente degli imboscati. È di turno la squadra del Sergente Bertelli, composta da Polegri, Menichetti, Rigoni, Raso, Sfitti, Pierrobon, Micarelli, e Butricchi.
Si attraversa il Senio in bilico sui tronchi di abete, scavalchiamo in silenzio l'argine nord e risaliamo i campi, verso il comando, tenendoci ai bordi dei Fossati, come facciamo sempre. I mortai vomitano ghiandoni sui campi collaterali, su obiettivi oltre i duecento metri e non è roba nostra.
Le M.G gracchiano nel solito tono intimidatorio, per cercare di farsi valere nel pesante duello. M.G. al posto dei cannoni, duello di diseredati contro provvedutissimi antagonisti? Lo spirito può vincere veramente la materia? Eterno dilemma e avventura, ai limiti del raziocinio.
I filari dei pioppi e delle viti non appartengono più al mondo agreste di un tempo aulico, ridanciano e ghiotto: un gigante infuriato ne ha divelte le radici, recisi i tronchi tagliuzzati i rami. Costeggiamo canticchiando, questo cimitero erboreo.

Siam venuti da lontano
Con le scarpe di raso verde
Siam venuti a pestar le merde

L'epico canto è interrotto da qualcosa che si avverte nelle tenebre; un sibilo multiplo di traiettorie, dirette esattamente su di noi.
«Dentro nel fosso ragazzi, dentro!".
E mi ci scaravento seguito dagli altri. L'arco si abbassa e schianta. La prima nutrita salva, cade di qua e di là del fossato.
Sento la voce di Menichetti:
«Signor Zeloni son ferito»
«Dentro Menichetti, svelto non fare il cretino!» gli grido, mentre già arriva il secondo grappolo.
Le bombe si conficcano nella terra, la sbranano intorno a noi, e tutto trema.
«Come va, Mario!».
«Non è grave signor Zeloni».
Le salve si susseguono una dietro l'altra, mi proteggo i timpani o con le mani e mi schiaccio sul fondo del fossato, vorrei sprofondarmici.
Diversi colpi deflagrano ai margini, a due, tre metri, cinque metri, ci si aspetta di saltare in aria di momento in momento: un inferno. La morte alita sul fossato con

acre pestifero fiato.

L'obiettivo è la casa Sannucci che è qui davanti, il tiro è sbagliato di poco ed essendo notte non viene rettificato.

«Tiriamoci fuori, ragazzi, avanti!».

Incomincio a strisciare sul fondo come un rettile, seguito dagli altri, tra rovi e sterpaglie fangose; nei brevi intervalli, tra una tempesta e l'altra, si guadagna qualche metro carponi, a gatto, poi avanti di nuovo, strisciando con estremo impegno fino ai margini della rosa di tiro.

Usciamo, finalmente tra i bagliori e le schegge a balzi felini, verso un altro campo, poi ricomposti, ad andatura normale, raggiungiamo il magazzino.

Menichetti ha uno sfregio sulla tempia ed il sangue gli cola stilla guancia paffutella e glabra. I suoi occhi azzurri si mantengono sereni e fanno trasparire un certo orgoglio.

Lo rimprovero della sua imprudenza ed osservo la ferita che non desta preoccupazioni,

Mario Menichetti, la mascotte della III Compagnia, ha sedici anni; nato a Firenze ha frequentato il Ginnasio e ricevuto in famiglia un'ottima educazione; a differenza di molti non bestemmia; non dice sconcezze, ma nessuno si permette di tirarlo in giro.

Di spirito arguto, fisicamente ben piantato, ha un coraggio che sconfina nella temerarietà e per questo lo tengo d'occhio; è già la seconda volta che per un pelo non ci lascia la ghirba.

Finiti i commenti, ci carichiamo cassette di munizioni, della posta e torniamo all'argine, seguendo un atrio itinerario.

La posta arriva abbastanza regolarmente e fa tanto piacere riceverla; rispondere alle persone più care, ai genitori in particolare, che si vorrebbero riabbracciare con certezza è, almeno per me, alquanto penoso ed eludo il più possibile la verità valendo di espressioni laconiche; più spesso mi tolgo dall'imbarazzo con una cartolina: Tutto bene, saluti cari.

Ci arrivano anche i giornali: *Sveglia, Crociata Italiana, Socialismo Nazionale*.

Un tempo che mi sembrava remoto, ne ero un accanito lettore; a Ferrara con l'inseparabile Pippo divoravo le pagine di quei fogli rivoluzionari vagheggiando freschi itinerari di rinnovamento sociale e, persino di unione europea. Poi Pippo era andato a Nettuno, paracadutista della Nembo ed è ora diventato un disperso: prigioniero o morto.

Quaggiù i giornali mi servono da strame, in aggiunta alla paglia, e quando sono umidi, ne faccio una palla e li getto nel Senio, come inutili cose.

Trascorrono ancora due giorni nello scirocco; l'umidità impregna vestiti e giacigli, si respira nebbia e il pane nero tedesco si ricopre di muffa verdolina.

Qualche bunker crolla, si prospetta la poco rosea eventualità di finire sepolti vivi.

Le emozioni variano di continuo e l'unico pericolo che non esiste è quello di annoiarsi.

Ci si dà quindi da fare per rinforzare le esili armature.

Stanotte 5 gennaio il Tenente Sannucci con dieci uomini attaccherà, da tergo l'avamposto canadese «dei cecchini», quello che, con fucili di precisione micidiali e *Bren*, minaccia l'argine da poche decine di metri, ci manda l'odore del caffè e rari frammenti dell'incomprensibile favella dei figli del Grande Nord. *Goddam!*

Per la sua assurda posizione l'artiglieria non lo può colpire ed anche altri espedienti al tritolo nulla hanno valso contro la tenacia di questo manipolo di *tough-men*.

I mortai da 81 di Gandolfi danno fondo alla riserva giornaliera martellando i paraggi dell'obiettivo, mentre gli uomini designati per l'attacco compiono un'accurata preparazione.

Il Sottotenente Arisio seguirà il comandante nell'impresa; ha voluto la precedenza per la vecchia amicizia che lo lega a lui.

I mitraglieri si portano sull'argine a riempire i vuoti dei partenti, così la loro aspirazione ha potuto tradursi in realtà. Ne facevano una questione di orgoglio.

Mezzanotte, prendiamo gli ultimi accordi, parola d'ordine «Roma». Ci stringiamo la mano. In bocca al lupo!

Dieci ombre silenziose delle quali spiccano le armi, i *Panzerfaust*, sgusciano nel varco tra i campi minati e scompaiono nella fitta oscurità della terra di nessuno.

Stanotte neanche i grandi fari ce la fanno a diluire il buio pesto.

La punta d'attacco, seguita da una squadra di rincalzo, dovrà portarsi alla base, orientarsi bene, quindi insinuarsi tra gli avamposti e la prima linea canadese, giungere sul rovescio dell'obiettivo che è fiancheggiato da due fortilizi e attaccare di sorpresa.

Passa un'ora, un'altra ora. L'attesa si allunga nella notte nebbiosa e rigida; il Senio sciaborda, gorgoglia sommesso alle nostre spalle; clessidra fluviale che segna il tempo della veglia interminabile.

Una scossa sui nervi: i *Bren* hanno aperto un fuoco pazzo a raffiche lunghissime.

Si ode, distinto, lo scoppio di una bomba a mano. Ancora un fitto imperversare di raffiche dal timbro metallico, sempre i *Bren*. Adesso anche gli altri avamposti vanno in allarme e i rapidi tratteggi verdi e rossi delle traccianti investono le nostre posizioni; ma non possiamo rispondere.

Un vago presentimento penetra nell'animo, i nostri sono scoperti. Silenzio.

Un urlo di bestia ferita a morte squarcia il silenzio, nella notte fonda. L'urlo si è ora trasformato in lamento, quasi rassegnato; nell'agonia un giovane camerata invoca la sua mamma.

Un brivido mi scorre nelle vene, gela il sangue e tocca il cuore come potrebbe la punta di una lama.

Menichetti e Monaco si offrono subito per tentare di soccorrere il camerata colpito. Impossibile lasciarli, andrebbero anche loro incontro a sicura distruzione.

E la squadra di rincalzo? Faccio trattenere a forza i due sedicenni. Trascorre un tempo incalcolabile, forse dieci minuti, forse un'ora.

Dal profondo delle tenebre, dalla zona dei campi minati sbucano i superstiti del secondo gruppo, coperti di fango fino ai capelli e irriconoscibili, narrano come inebetiti, in maniera sconnessa, i primi particolari del fulmineo scontro.

Erano un po' staccati quando il primo gruppo, con Sannucci e Ariosto in resta, è caduto nella trappola di una triplice postazione canadese, inspiegabilmente appostata su terreno scoperto.

Con simultaneità i canadesi hanno aperto il fuoco da tre lati, a bruciapelo, mentre i nostri erano ancora in piedi. Un loro nido deve essere stato distrutto da una bomba a mano, ma i nostri devono essere tutti o feriti o morti.

Loro, i superstiti non hanno potuto fare niente: solo assistere impotenti alla rapida strage; sparare avrebbe significato colpire anche i nostri di nuovo.

Verso le quattro del mattino, l'ultima speranza sta per svanire, Arduino chiama da sotto l'argine.

È l'unico rimasto illeso, e riconduce il Tenente Sannucci gravemente ferito.

Il Comandante ha un braccio spappolato da due pallottole ed una terza gli ha forato un polmone, da parte a parte; è pallido, esangue, stoico.

Ci prega di non toccarlo dalla parte dove è stato colpito e con le poche forze che gli rimangono ci raccomanda di aver cura della compagnia, dice che gli dispiace andarsene.

Arduino ha terminato il suo compito; pochi altri al suo posto avrebbero potuto fare tanto: togliere un uomo da sotto le canne di *Bren*, guadagnare metro per metro, senza preoccuparsi di altro, farlo rientrare attraverso campi minati.

Il furiere Arduino milanese ha fatto miracoli. Un grande cuore.

Cuneo ed io con manovra delicatissima, facciamo strisciare il corpo di Sannucci sui pali abbinati della passerella; il ponte è troppo distante.

Sull'altra sponda lo affidiamo ad altri. «Decima, comandante».

In questo saluto c'è l'affetto e il rincrescimento di tutta la III Compagnia, l'augurio che egli riesca a sopravvivere, a rimettersi da questa tremenda mazzata.

Ma i guai non sono ancora finiti. Nel riattraversare la passerella Cuneo, che mi segue, scivola su un palo e con un tonfo casca in acqua. Lo vedo annaspare nella corrente del fiume per un momento, e sparire nel buio.

La temperatura è vicino allo zero; mi precipito sull'altra sponda e corro alla ricerca del malcapitato. Mugugna nel suo gergo di porto riaggrappato ad un cespuglio.

La scarpata è ripida, resa viscida dal fango; è immerso fino alla gola e non può uscire, né io posso scendere a dargli una mano.

«Una corda, presto, Cuneo è caduto in acqua!», grido agli altri e ci mettiamo a cercare affannosamente, senza nulla trovare.

Cuneo sta per assiderarsi. Non c'è tempo da perdere, decidiamo di fare una catena. Le nostre mani si stringono in una stretta ferrea, con una forza insospettata tre corpi sporgono sulla viscida scarpata e penzolano verso l'acqua, finche una mano aggancia quella che si protende disperata.

La catena regge e l'amico è tratto in salvo. Viene portato subito nel bunker più vicino spogliato, massaggiato e riempito di alcool. Ognuno si toglie qualche indumento e glielo regala: chi una camicia, chi i mutandoni di lana, un altro il maglione, fintantoché Cuneo non è imbottito fino all'inverosimile.

Malgrado ciò il tremito convulso che lo scuote non accenna a diminuire e batte i denti a ritmo di raganella. Lo costringiamo ad andare al Comando, dove c'è il fuoco ed un infermiere.

L'alba ci sorprende infreddoliti e taciturni, nessuno ha voglia di parlare.

Mancano all'appello per il solo episodio di questa notte: il Sottotenente Arisio, il Sergente Gavini, i marò Gatti, Ferraro ed altri quattro; sappiamo già che quasi tutti sono rimasti nella terra di nessuno, immobili per sempre.

IV.

Nel breve interregno che segue al ferimento di Sannucci, Cuneo, che da quando è caduto nell'acqua ghiacciata del Senio non sta molto bene, fa le veci del Comandante, e si occupa della fureria coadiuvato dal bravo Arduino.
Bertelli ed io rimaniamo davanti con gli uomini rimasti validi. Il Sottotenente Arisio è rimasto di là e tutti ne sentono la mancanza; si era fatto stimare per la sobrietà del carattere, duro e signorile allo stesso tempo, e, quando era venuto il suo momento, non aveva esitato a buttarsi fuori in testa con Sannucci alla pattuglia che avanzava nella notte verso la distruzione.
In questa terza settimana di Gennaio, una compagnia della *Reichsführer* sul nostro fianco attacca, con l'appoggio dei due carri superstiti, una munitissima posizione dell'VIII Armata verso Alfonsine.
La colonna sonora ci rivela fin dall'inizio, la deprimente inferiorità numerica degli attaccanti, pur tuttavia essi insistono per circa un'ora. L'obiettivo non è stato raggiunto. I giovani leoni hanno perduto i due carri e molte vite ancora.
La neve ritorna a pitturare di bianco sul nero fumo dei crateri.
Hans passa sull'argine mimetizzato nel suo manto bianco e saluta agitando un papiro. *Aufwiedersehen*! Ha in mano la licenza premio per in suo servizio di tiratore scelto, avendo egli raggiunto il suo numero di «*Tommy Kaputt*» e se ne va dalla ragazza in Riviera. È felice e disattento, corre come un ubriaco ed una granata gli recide il polso. La mano ciondola inerte dall'avambraccio e la sua faccia si contrae di dolore e di disappunto.
Bestemmia come un soldato di razza inferiore ed è persino buffo col suo candido saio macchiato di sangue.
Il Capitano Strada assume il comando della Compagnia.
Ci vuol conoscere personalmente tutti; sembra molto anziano, deve essere sulla quarantina. Dagli occhi un po' incassati nel volto segaligno e dalla voce traspare una comprensione paterna che ci pone, subito, a reciproco agio.
Il nuovo comandante porta con sé l'ordine di insistere sulle posizioni avanzate dei canadesi.
Ora tocca a me.
Trascorro la giornata intera al Comando con i volontari designati per la ricognizione di questa notte: il Sergente Mauri, Menichetti, Erasmi, Blenio, Monaco, Scalona, Polegri, Bertelli e Ludwig, con il quale mi sono ormai rappacificato e che vuole seguirmi.
I preparativi sono minuziosi e vanno dalla confezione di ampi mantelli con cappuccio ricavati da lenzuola, alla fasciatura in bianco delle gambe, allo studio del terreno sulla carta, alla distribuzione dei compiti, ecc.
Il Comandante è pieno di premure e di consigli e la vicinanza del grande fuoco alimentato senza parsimonia, tutte le comodità che sono a nostra disposizione, ci

distraggono un poco e servono a tenerci su di morale. Finalmente scocca la mezzanotte, ci avviamo verso la linea.
"Si parte per la fiera di Düsseldorf".
C'è sempre uno spiritoso che lancia questo grido con i primi passi di una pattuglia.
L'una.
Ci stacchiamo dall'argine e una guida ci accompagna per il varco dei campi minati, poi lui ritorna indietro e noi andiamo avanti per la terra di nessuno. La coltre di neve, aiuta, stanotte, il nostro lento silenzioso andare.
Procediamo lungo i filari dei pioppi, per mezzo campo.
Ora siamo tra le due linee a metà. Tagliamo ad angolo retto e proseguiamo per un chilometro circa a perpendicolo sui filari, da campo a campo gli occhi fissi a scrutare nelle tenebre, le orecchie tese, i piedi leggeri sulla neve e cauti.
Se nell'attraversare un filare un ramoscello si schianta, automaticamente tutti si arrestano. Il rumore viene isolato deve perdere di significato. Avanti ancora; piano.
Improvvisamente ci troviamo sotto il fuoco di due Bren che sparano da direzioni opposte. Non sono tanto vicini.
Ci hanno sentiti? Ci adagiamo nella neve e restiamo lì immobili. Ora hanno smesso. Si sentono solo le batterie; i colpi di partenza secchi, dei lunghi sibili, i cupi rimbombi dell'arrivo.
Le traiettorie passano arcuate su di noi e formano nel cielo, una calotta di protezione non solo virtuale e fantastica.
I sibili i botti, quell'incrociarsi di parabole mugolanti nell'arco oscuro del cielo, non portano nessuna minaccia su di noi, i fantasmi della terra di nessuno non hanno nulla da temere da quelle bombe esse sono tutte destinate ad altri.
Il fosforo delle lancette segna le due.
Siamo sulla via Bellaria, la loro via. In questi paraggi Sannucci e compagni sono stati sorpresi e decimati a bruciapelo. Faccio attraversare rapidamente la strada e mi discosto di due campi. Siamo esattamente sul rovescio delle postazioni nemiche ed avanziamo con estrema precauzione, approfittando di una serie di postazioni.
Una raffica lunghissima irrompe nel silenzio; è il mitra di Erasmo che ha dato fondo ad un caricatore.
Gli vado vicino. Ha creduto di vedere un'ombra muoversi ed ha sparato a vuoto.
Lunga sosta. Si riprende il movimento con passo felpato, divisi in due gruppi. Mi sento calmo e lucido, vado avanti nei campi di nebbia, sulla rotta che ho imparato a memoria sicuro di non sbagliare.
Improvvisamente sulla neve appare la sagoma scura di un caseggiato, quindi un portone di rimessa. Segnalo al secondo gruppo di porsi in copertura ed entro con Menichetti e Blenio. Accendo una pila e giro la macchia di luce per lo stanzone, per terra, un po' dappertutto sono sparpagliati effetti di vestiario, blusotti, pantaloni, ghette e scatolame *Made in England*, altre cianfrusaglie, tutto in stato di disordine.

Ci lasciano indietro il magazzino e con andatura felina sgusciamo tra le siepi, orti e stalla verso la dimora dei cecchini.

Si profila ora la sagoma di un caseggiato intatto, le grandi pareti grige, il tetto coperto di neve. Eccolo! Siamo addossati contro il muro di una casa dirimpetto, invisibili, nei mantelli bianchi e solo la strada ci separa da loro.

La sentinella canadese ha la tosse, la stiamo ad ascoltare, trattenendo il respiro, per un minuto o due. Faccio cenno a Monaco di lanciare un *Panzerfaust*.

Monaco si inginocchia lentamente nel mezzo della strada, punta il razzo. Si sente un piccolo scatto. Cilecca! Lo scatto si è confuso con la tosse insistente della sentinella.

Monaco depone con delicatezza l'ordigno, ne ricava un altro, si inginocchia di nuovo, preme ed una rosa rossa si accende e rimbomba sulla parete della casa. Centro!

Tutti ci scaraventiamo tra le macerie di una casa vicina abbandonando per il momento ogni preoccupazione di far rumore.

Fra i canadesi succede un pandemonio: grida gutturali di allarmi si frammischiano al tintinnio metallico delle armi in un gran tramestio, e subito dopo inizia la reazione.

I *Bren* si svegliano in rapida successione, scaracchiando fuoco da tutti i pori della casa. I *Panzerfaust* non hanno sortito grande effetto a quanto pare.

Siamo annidati dietro gli stipiti di porte e finestre e, attraverso i riquadri incrociamo il duello a distanza ravvicinata.

Un secondo avamposto canadese entra in azione, da lontano. Anche i nostri dall'argine, battono incessantemente l'altro lato della casa.

I lampeggi delle bombe a mano illuminano repentini il breve campo, le traccianti verdi e rosse si intersecano come stelle filanti di un veglione frenetico giunto al parossismo. Il mio mitra balbetta per un poco e presto si incanta. Boja Faust!

Ma nessuno tenta una uscita in campo aperto, non farebbe un metro!

Osservo con mezzo occhio che sporge, senza emozione quel fosforescente carnevale e cerco di farmi una idea della forza numerica di questi assurdi canadesi barricati là dentro completamente isolati dai compagni.

Dopo cinque minuti ordino alla pattuglia di ripiegare, poiché il nostro compito per stanotte, è terminato.

Scompariamo leggeri e quasi incorporei sul tenue biancore della neve, negli ampi mantelli che celano le nere canne di mitra ancora calde, evanescenti agli occhi dei canadesi nelle sembianze di bianchi fantasmi, così come eravamo apparsi.

Due sconsiderati invece di seguire la fila sul sentiero diagonale, salgono, per far più presto, direttamente sulla scarpata del fiume Senio per lunghi tratti minata, e sulla quale salterà, qualche giorno, dopo il Capitano Strada nuovo comandante della compagnia.

Ma era scritto nel libro del destino che tutto quella notte filasse liscio.

Salutiamo alla svelta i compagni dell'argine e corriamo verso il comando a disfarci

delle acconciature umidicce e piene di ghiaccioli, per ritornare uomini in grigioverde e concedere, finalmente, una bella fumata con i piedi nel focolare, dopo la lunga astinenza. Faccio un dettagliato resoconto della ricognizione al Capitano Strada, il quale si mostra soddisfatto ed ha una buona parola per tutti i componenti della spedizione.
Poi vorrebbe conoscere gli effetti del razzo che abbiamo lanciato sull'avamposto canadese, ma restiamo perplessi nel valutarne l'efficacia sulle costruzioni in muratura
Poichè insiste: «Ha stuzzicato il vespaio»; risponde per tutti, Menichetti. Il ragazzo è sveglio e ha sempre la battuta pronta.
Poi si rivolge a Ludwig, unico tedesco presente, e gli porge un *Panzerfaust*: «Toh, ci puoi fare la birra». Ridiamo tutti.
Ludwig da quel puritano che è, assume un'aria delusa, quasi colpevole, e si difende come sempre in queste circostanze: «Io *nichts* capire...». Si scrolla nelle spalle e cerca il fiasco del vino.
L'indomani perviene dal *Tross* l'ordine di eliminare i posti avanzati dei canadesi. Di un casolare ci occuperemo noi, dell'altro i tedeschi, in cronometrica concomitanza di esecuzione.
Le condizioni atmosferiche sono mutate, la neve si squaglia rapidamente.
Vengono date disposizioni per lo sgombero delle postazioni antistanti gli obiettivi da colpire con una breve preparazione di artiglieria.
La notte trascorre molto disturbata ed inquieta; la luce della candela è soffiata e spenta di frequente dalle salve dei mortai, e a stento riusciamo a completare la preparazione.
La piena ha divelto le passerelle, decidiamo di anticipare la partenza e transitare sul ponte di legno.
Nell'incerta luce che precede l'alba scendiamo il sentiero diagonale che abbiamo risalito l'altra notte. Venti ombre mi seguono e, con piacere, avverto nell'aria i primi fischi delle parabole dirette sul bersaglio.
Dieci minuti di tempo all'ora X. Sulla via Bellaria stacco la squadra del Sergente Viviani in copertura e, con l'altra, approfittando delle deflagrazioni, mi porto a quaranta metri dall'obiettivo, dietro la casa distrutta dell'altra volta.
Due proiettili frantumano il tetto della casa dei canadesi e gli altri scoppiano tutti nell'immediata vicinanza.
Bene. Invito, con un cenno, i due pionieri tedeschi a tenersi pronti con le mine.
Uno dei due ha un momento di esitazione, pare voglia rinunciare.
L'occhio nero e severo di un mitra lo guarda sulla pancia, da vicino.
Non è il momento di scherzare! L'altro fa capire che le mine pesano troppo.
Blenio e Zandinella si offrono di aiutarli. Fra due minuti gli altri cesseranno il fuoco.
I quattro sono pronti, ognuno tiene la sua *Tellermine*[10] per la maniglia.

---

[10] Mina anticarro tedesca da 8-9 Kg, contenente 5.5 Kg di TNT o Amatolo. Poteva anche essere dotata, come

Meno un minuto; faccio lanciare un nebbiogeno.
Ore 6,45 esatte. Percepisco il ritirarsi delle traiettorie.
Via! I pionieri sgusciano nel breve campo e vanno in fretta a collocare le mine. Noi rimaniamo pronti per la seconda parte del programma, se occorre.
Due lunghi minuti d'attesa.
Un veloce scalpiccio; i quattro ritornano a tuffo nel gruppo, ansimanti. Una fragorosa esplosione scuote la terra.
Siamo investiti da una ventata. Mattoni e tegole volano in aria e ricadono, a centinaia, in sequenza pazzesca.
Perdura ancora l'eco dell'esplosione, che si ripete in distanza, un altro boato. Anche l'altro avamposto è saltato in aria.
Usciamo a ventaglio sulla strada.
Una grande nube grigiastra, che puzza d'inferno, avvolge quello che è stato per un mese il nido dei temibili cecchini.

---

in questo caso, di detonatore a tempo per essere usata come carica da demolizione.

V.

In formazione a ventaglio facciamo un accurato rastrellamento attraverso la Rossetta, ricongiungendoci alla squadra del serg. Pezzella appostata al bivio di Via Utili.

La grossa borgata si allunga sulla camionabile Fusignano-Alfonsine, articolata in gruppi sparsi con case coloniche isolate, una villa padronale, una chiesetta, ma poco o nulla rimane delle strutture consuete, tutto è sgangherato, frantumato. I pali telegrafici pendono sulla strada con i fili spezzati, simili ad alberi di una flottiglia incorso nella malasorte. Carcasse di *Sherman* e di mezzi cingolati giacciono squarciati vicino a carogne di animali in decomposizione, e dovunque mattoni e tegole sparse, apocalittico caos.

Un cane idrofobo sbuca fuori dalle macerie, ci viene incontro latrando, con la bava alla bocca, gli occhi rossi digrignando i denti. Una breve raffica pone fine alla sua insaziabile rabbia. Nei pochi vani ancora abitabili i canadesi hanno lasciato un po' di tutto si fa bottino e si fumano *Lucky Strike*. I ragazzi raccolgono le armi: sembrano appena usciti dalle braccia dei gangsters; pesanti con la doppia impugnatura e il mirino a diottra[11].

Si gettano invece irridendo le numerose scatolette di verdura. Grosso errore. Molti di noi dovranno subire più tardi le conseguenze della avitaminosi.

Raccatto sul pavimento una foto sfuggita ai canadesi e rimasta lì: ritrae un gruppo di giovani, tutti col gavettino in mano, sorridenti e manierati all'ora del the.

«All right, Tommy». Ripongo con cura la fotografia nel portafoglio, come souvenir.

Nelle stalle ci si presenta un altro flagello. Parte delle bestie sono morte di fame, altre sotto le granate, alcune sono ancora in vita, ma rimangono accovacciate e non hanno la forza di tirarsi su mostrando in tutto rilievo lo scheletro attraverso la pelle flaccida, ci guardano con grandi occhi lagrimosi e mugghiano disperatamente. Gli viene buttato il fieno. Quaggiù gli animali sono quelli che si difendono meno e subiscono maggiormente le conseguenze della guerra loro, estranei alle beghe degli uomini.

Dalla strada, una voce inaspettatamente chiama «Presto venite! Due sono saltati sulle mine!».

Ci precipitiamo fuori dietro alla staffetta e arriviamo al bivio di Via Bellaria.

Poco distante ai piedi dell'argine, due marò giacciono uno sull'altro in croce.

Leoni è saltato sulle mine, Beller è andato per raccoglierlo ed è saltato anche lui. Il primo sembra esanime, il secondo muove debolmente un braccio. Un'angoscia indescrivibile ci opprime, ognuno di noi vorrebbe andare a prenderli e ognuno sa quello che la terra cela, il terribile rischio di superare, ne alcuno ha esperienza di campi minati. Bertelli non regge alla vista di quello strazio: «Siamo dei

---

[11] I mitra *Thompson* in calibro .45, nella versione *M 1928* dotati di impugnatura anteriore al caricatore.

vigliacchi!» sbraita come un ossesso. Mando a chiamare d'urgenza uno specialista della compagnia tedesca di pionieri.
Giunge, infatti poco dopo.
«*Kommen sie mit mir, bitte*!» Io, Bertelli e Mauri ci accodiamo immediatamente. Egli esamina il terreno con scrupolosa attenzione e avanza lunghi passi, con l'aria ispirata e un po' folle del rabdomante; noi calchiamo le sue orme, legati alla stessa sorte. Ci carichiamo Leoni e Beller sulle spalle, e con manovra inversa, sulla pista già segnata nel fango, usciamo dal campo minato.
Leoni è ormai deceduto; Beller è ancora in vita e viene trasportato d'urgenza al posto di raccolta feriti in attesa dell'ambulanza. Parla della sua fine imminente con rassegnazione, vuol ricordare la patria, i genitori che vivono a Bergamo.
È tutto spezzato, povero Beller, solo il volto gli è rimasto intatto; ci guarda con i suoi occhi chiari, sempre più velati e cerca di sorridere. Ha diciotto anni e si è ridotto così per andare a soccorrere un camerata. Viene l'ambulanza che lo porta a morire a Pratolungo.
Il Capitano strada dirama il seguente ordine del giorno: "La brillante operazione, conclusasi questa mattina, è stata funestata da un incidente nel quale hanno perduto la vita due marò. Invito alla prudenza e alla massima attenzione in relazione ai campi minati".
Il giorno appresso, il comandante dirige personalmente la sistemazione degli avamposti sulla posizione conquistata.
Lavoriamo con alacrità tutta la mattina assieme a due tedeschi che sono venuti per sistemare un *Pak* (cannone anticarro). Gli *Sherman* stormeggiano, infatti, nei paraggi; ma si limitano ad allunghi col cannoncino, senza venirci addosso. Sistemiamo cinque avamposti con i resti di due plotoni; la distanza media fra l'uno e l'altro è di circa 200 metri. A me viene affidato dato il comando di questa linea di avamposti, mentre Bertelli assume il comando della prima linea, che rimane sempre sull'argine Sud del Senio.
Verso mezzogiorno, avendo già dato una certa consistenza alla organizzazione degli avamposti, il Capitano Strada ci invita al comando per esaminare altri dettagli e per il rancio.
Ci lasciamo alle spalle la Rossetta e ci dirigiamo verso l'argine, un gruppo misto di italiani e tedeschi, la conversazione è tranquilla, stiamo per imboccare il sentiero diagonale che da sull'argine, quando mi sento investire da una esplosione. Riapro gli occhi e vedo, attraverso una cortina di fumo, il comandante disteso davanti a me, in una pozza di sangue. Sono come stordito... la gamba del Capitano non c'è più.
«Legami, presto... muoio...». Quella voce mi scuote dal torpore, da quella strana fissità. Strappo la cinghia di tela del mitra, mi chino e lego con forza; mi tolgo la cinghia dei calzoni, la giro intorno due volte al moncone e allaccio ancora più stretto. Coraggio, Capitano..! riesco a mormorare.
Sento l'interprete che parla concitato, in tedesco, dietro di me. Mi volto e vedo

l'*Oberscharf* in piedi, con le braccia allungate in avanti, la faccia nera di fumo e rossa di sangue, cieco cd impassibile. Scendono altri dall'argine, in aiuto. Adagiamo il Capitano su una lettiga di fortuna, mentre l'*Oberscharf* viene sorretto a braccia.

Le condizioni di Strada sono disperate; oltre ad aver perduro una gamba, è forato al basso ventre da numerose schegge.

Una buca nera sull'erba verde della scarpata segna l'ubicazione della mina esplosa.

Gli sono a fianco durante il tragitto e testimonio della sua forza d'animo. Egli non si è illuso un momento di sopravvivere, non ha emesso un lamento: «Prendimi la mano» è stato l'unica cosa che ha chiesto come conforto alla sua sofferenza. Con tenero accento d'amore ha ricordato la moglie i figli, poi anche lui che si è avviato a morire, in ambulanza, verso la retrovia.

La bontà è come dice Dante madre di ogni virtù.

Il Capitano Strada lo ricorderemo sempre come un secondo padre, un ottimo soldato ed un uomo compiuto, poiché ha saputo mantenersi sereno di fronte alla morte, così come lo fu in ogni suo atto durante la permanenza fra noi.

Rischiare qualcosa della propria pelle per un dovere assunto per un ideale o qualcosa che abbia attinenza con lo spirito, fa parte della virilità dell'uomo ed è cosa abbastanza comune, ma rimanere coerenti e composti quando si sa di iniziare il viaggio verso l'ignoto, e che questo viaggio sarà senza ritorno, è privilegio di pochi e desta sempre ammirazione.

Ultimi giorni di gennaio: la neve torna a cadere in larghe falde per due giorni consecutivi creando la solita effimera illusione di pace.

Schiarita: il termometro si abbassa di nuovo sotto lo zero e continua a scendere, mentre la coltre nevosa si trasforma in un manto fatto di innumerevoli cristalli luccicanti al sole. Questa volta la neve durerà a lungo e porterà giornate limpide e fredde; gli aerei nemici approfittano per incessanti scorribande tornano di moda le mimetizzazioni in bianco.

Borghi e Bajer con la loro mitragliera di 20 mm colpiscono uno *Sptifire* che precipita in fiamme e va a patate. Uno di meno, ma è come uccidere una zanzara in una sera di settembre quando intorno ne ronzano a migliaia.

C'è però una sorpresa, qualcosa di eccezionale che si chiama: *Stuka zu Fuss*[12], un'arma nuova. Ce lo hanno confidato i tedeschi con un certo mistero, ancora ieri ed oggi è arrivato l'ordine di tenersi preparati per le ore 10 di domani. Di quanto è dato di capire deve trattarsi di una specie di *V 2* ad uso tattico. Lo diceva il frate mattacchione! Come si chiana quell'infatuato che predice alla folla la vittoria? Ah, sì! Padre Eusebio!

Un lumicino di speranza si accende sulla neve, da questa parte, di contro ai riflettori pretenziosi degli anglo americani.

Tante meravigliose stelle risplendono nella notte glaciale, illune, e,

---

[12] Il lanciarazzi *schwere Wurfrahmen 40* da 28 cm.

dall'Appennino alla Marina di Ravenna, l'arco degli astri sembra, per un momento, propizio alle nostre armi.

VI.

Lo *Stuka zu Fuss* è passato, sovrastando le più alte traiettorie, con un lungo, lacerante sibilo ed è andato a sbattere verso Bagnocavallo; con un notevole effetto. Quel sibilo, che era quasi un ululato, è stato il segno di un incalzante progresso, un isolato annunzio dell'ora missilistica.
Le nostre riflessioni non sono state certo profonde: ci aspettavamo solo, che avesse una maggior precisione e che fosse impiegato in serie. Invece non è stato così. Il lumicino di speranza che s'era acceso sulla neve, si è affievolito, le armi tradizionali hanno ripreso il dominio totale della situazione. I pionieri tracciano rapidi, invisibili semicerchi di mine davanti agli avamposti, semicerchi costellati di punti, sui quali anche i grossi carri possono ricevere la paralisi ed agonizzare. Tutte le vie di accesso vengono minate e alla fine ci troviamo involuntari prigionieri di queste stesse attrezzature.
A La Rossetta, la distanza massima che ci separa dai canadesi è di un campo e la sorveglianza sui cinque avamposti è strettissima: ci si tolgono le scarpe solo in casi eccezionali, tutti i movimenti in senso trasversale debbono essere improntati ad estrema cautela. Di notte il compito delle vedette è allucinante, eppure i ragazzi del «Lupo» non se ne lamentano. I tedeschi hanno lasciato cadere, ormai, ogni pregiudizio, ci battono forti manate sulle spalle ed esclamano «*Bataillon Wolf, prima!*».
Il che non è poco, poiché essi si ritengono i migliori soldati del mondo.
Il Tenente Durante succede a Sannucci ed al Capitano Strada al comando della III Compagnia, con i doverosi scongiuri contro il detto popolare «Non c'è due senza tre». Arricciato e biondastro Ufficiale in SPE, porca con sé il cane lupo Bodo ed una anacronistica disciplina. Ai primi di febbraio il sole abbaglia sulla distesa di neve ed attenua, nelle ore meridiane, il rigore del gelo.
Erasmi ed un sergente germanico tentano, all'insaputa di tutti e in pieno giorno, un colpo di mano a casa Bellaria, trecento metri circa davanti alla postazione loro. Ho sentito anch'io una breve e fittissima sparatoria, sulla destra. Mi hanno informato più tardi che Erasmi ed il suo improvvisato compagno non hanno fatto ritorno. C'è da supporre il peggio? Alessandro Erasmi di Trieste, scrittore e studioso di arte greca ed etrusca; è andato incontro al destino che si è tracciato con la sua volontà temeraria. Lo rivedo, alto bruno, con pesante sacco di cimeli etruschi nella lunga marcia di trasferimento sul ghiaccio da Marzabotto al Senio, stracarico e con una specie di felicità mistica negli occhi. «Butta via quella roba, Alessandro!». E lui si limitava a rispondere con un sorriso, eludendo la nostra ignoranza. Ora ha voluto l'ignoranza degli uomini per sempre. Neanche i suoi compagni che pure gli volevano bene troveranno il tempo per salvare il sacco ricolmo di pendagli e di ninnoli, fatti verdi dal millenario fluire del tempo.
Un altro triestino, Luciano Blenio, salta sulle mine; bisogna subito ingolfarlo di

vino per placare la reazione rabbiosa, violenta a fargli comprendere che, dal momento che è saltato sulle mine, deve ritenersi soddisfatto di aver perduto semplicemente un piede.
Il vino continua a scorrere, senza limitazione alcuna, le botti ad una ad una riemergono dalle macerie, come per incanto.
Bertelli si è ostinato per una settimana, a filtrare l'acqua dei pozzi inquinati, poi anche lui si è convertito. Si ode una lunga insistente sparatoria sulla sinistra oltre la via Utili; un nucleo di Tommy si è incuneato fra l'ultimo avamposto ed i tedeschi, avevano una radio portabile e la faccia dipinta di nero, non hanno voluto arrendersi e sono stati annientati.
Notti irrequiete: le sentinelle si alternano ai turni di guardia, a coppie con una sensibilità, una irascibilità eccessiva; di sonno, come comunemente viene inteso, non è più il caso di parlarne.
Di giorno, fra casa e casa, le pallottole fischiano a rapide sventagliate sollevando nuvolette sulla neve ed i mortai appostati in fondo ai campi, controllano con pignoleria tutta anglosassone i nostri movimenti.
Un'altra alba si affaccia dall'Adriatico gettando le prime luci azzurognole sulla campagna raggelata. Attaccano?
Questa volta fanno sul serio. Musi sporchi barbuti e insonnoliti sgusciano fuori dalle macerie e, togliendo la sicura, vanno a buttarsi dentro i semicerchi minati.
La strada zampilla di piccoli vulcani; i carri cigolano, rombano, saettano traiettorie radenti, imprevedibili. Le traccianti stendono, a mezza altezza, una rete micidiale di fili colorati, rossi e verdi. Sto per lanciare un razzo, per richiedere l'intervento dell'artiglieria prima che sia troppo tardi.
Un rapidissimo lampo mi abbaglia; un colpo di carro. Sento del bruciore nelle gambe. Mi riparo. Senza guardare mi palpo le gambe, ci sono e sembrano intere. Lancio il razzo verde e striscio in postazione, in mezzo agli altri. L'artiglieria ci viene subito in aiuto creando un muro di fuoco nei 100 metri che ci separano ancora dagli attaccanti.
Le nostre mitragliatrici reagiscono con efficacia, dopo dieci minuti gli angloamericani desistono e fanno marcia indietro. Piacevole sferragliare quello dei carri che se ne vanno: ora provo una straordinaria felicità a muovere le gambe. I miei calzoni, tagliati nettamente venti centimetri sotto il cavallo, diventano oggetto di curiosità, le ferite su entrambe le gambe, sono superficiali.
Vado dall'infermiere a farmi medicare. Fasciato e con i calzoni rattoppati alla meglio posso far ritorno alla Rossetta ancora nel pomeriggio.
Nella stanza che occupiamo (una delle due abitabili della Rossetta centro), i ragazzi tengono accesa, in permanenza la stufa; Ludwig ha costruito nell'angolo un bunker, per quando piove proprio forte.
A Cassino, dice, sono stati utilissimi. Bene, *gut*!
Mi sdraio su una rete, fumo un'ennesima sigaretta, immerso ancora nella vaga euforia che mi ha invaso dopo lo scampato pericolo e, distrattamente seguo i loro

discorsi.

Monti, Sfiotti e Ludwig si spidocchiano e parlano dei più e del meno. A un certo punto il discorso cade sulle donne, l'argomento è seducente. «Pensa, poter essere a Milano, passare una serata con una ballerina!» dice Sfiotti.

E Monti «Ci vorrebbe proprio, dopo due mesi di questa vitaccia. Soldi ne abbiamo a palate e con tutti gli arretrati porremmo andare in un 'Tabarin' di lusso e tirarci vicino due belle ragazze. Donne e champagne!».

E di nuovo Monti: «Prima però, bisognerebbe disinfettarsi con un chilo di MOM, fare un bagno nella soda, radersi e poi...».

Il discorso prende una svolta decisiva sempre sui temi fantasiosi, inerenti a Milano e alla tanto desiderata ballerina, quando un ruggito scuote la stanza e spezza bruscamente la conversazione.

Ludwig levatosi in piedi, nei suoi mutandoni di lana con le braghe pidocchiose sulle spalle, punta l'indice accusatore e tuona all'indirizzo dei peccatori: «*Nichts Milano, nichts Milano, Euer Vaterland ist hier!*» (Niente Milano, niente Milano, La vostra Patria è qui!).

Segue uno scambio di improperi, di contumelie, in italiano e in tedesco, nel quale Ludwig viene subissato e minacciato di essere scaraventato fuori, nella neve.

Rido sotto i baffi e me la godo un mondo, il puritano Ludwig ha avuto quello che si merita.

Vengo informato che ai canadesi si sono avvicendati reparti della Guardia Reale Inglese. Allora quelli di stamattina erano i nuovi arrivati! I canadesi vanno a riposo; per i nostri temibili avversari la vita si tinge di rosa; sono stati duri, ostinati, ma allo stesso tempo lenti. Hanno sempre rispettato le regole del gioco.

Alla II Compagnia hanno avuto modo di conoscerli ancora meglio; radio-naja. attraverso misteriosi canali, ci teneva al corrente di quello che accadeva in quel settore, dove i nostri compagni e i canadesi si fronteggiavano sullo stesso argine, occupando le due parti una scarpata ciascuno.

La lotta per il possesso totale dell'argine si era protratta una ventina di giorni, senza esclusione di colpi; gli scontri avvenivano in quel limitato spazio improvvisi e cruenti, talvolta all'arma bianca, in ogni caso a bruciapelo, senza che alcuno cedesse un palmo di terreno.

Erano caduti Cardillo, Lualdi, Bianchini, Bonapace, Lavezzi, Consani, Tagliaferri, ed altri. In quelle condizioni era talvolta, necessario combinare una tregua per raccogliere i feriti ed i contraenti rispettavano i termini con assoluta cavalleria.

Turconi, ferito gravemente e rotolato sull'altra scarpata, fu raccolto addirittura dai canadesi che lo curarono e lo rispedirono, il giorno successivo, con barella e tutto.

Poi, dopo tanto spargimento di sangue, gli spiriti bollenti si erano un po' placati in attesa, forse di qualche generale offensiva che avrebbe assorbito e risolto quel piccolo, trascurabile problema tattico.

All'insaputa dei comandi, in un tratto di argine isolato, era sorta la più strana, singolare amicizia della linea gotica. Il canadese Johnny e l'italiano Mario che abitavano bunker a pochi metri di distanza, si erano accordati per una tregua serale, durante la quale si scambiavano sigarette, generi di conforto ed impressioni sulla vita dei loro lontanissimi, rispettivi paesi.

In molti si era a conoscenza del fatto e nessuno se ne scandalizzava, anzi l'episodio costituiva, in quella jungla un inconscio richiamo a tempi migliori. Una sera che Johnny lanciava a Mario un pacchetto di sigarette, un graduato germanico di passaggio sull'altro argine lo scorse e lo fulminò con un colpo solo.

Radio-naja ci portò la notizia e tutti ne provammo un sincero dispiacere.

VII.

A metà febbraio l'inverno spedisce dall'Appennino l'ultima sorpresa: tanti piccoli «iceberg», che flottando sulla corrente del Senio, asportano le passerelle e intasano il ponte, mettendone a repentaglio la stabilità; un fenomeno mai osservato sui nostri fiumi.

I pionieri provvedono a sistemare sul fiume delle zattere scorrenti su delle corde fisse, manovrabili tramite un cordino, resistenti alle piene, ai blocchi di ghiaccio, a tutti gli accidenti di questo inverno bizzarro. Altro che in Romagna sembra di essere sullo Yukon, il fiume dei racconti di Jack London! C'è anche il cane lupo Bodo, ma questi che pur troverebbe nella distesa di neve la sua gioia atavica, è troppo spaventato dalle bombe per somigliare a Buck: si aggira, mogio, mogio, vicino alle gambe del suo padrone, trattenutovi solo da un insopprimibile istinto di fedeltà.

Anche gli uomini, italiani e tedeschi, sono duramente provati; i volti dei miei compagni sono scavati dalla fatica, i vestiti sporchi e laceri, ognuno mobilita tutte le risorse della volontà per rimanere in piedi. Fanno eccezione alcuni giovanissimi; per esempio Menichetti, Zandinella, Monaco; essi vegetano e prosperano nell'ambiente, come fossero su un campo di gioco.

Anche le mie condizioni fisiche sono notevolmente scadute; le ferite sulle gambe sono andate in suppurazione, le piaghe si estendono, la febbre mi rosicchia le ultime energie, ad un piccolo sforzo mi viene il fiato grosso. Pattuglie e pattuglie. Il comandante ha proibito agli ufficiali di uscire, i Sergenti Pezzella, Voltolina, Viviani con nuclei di volontari si prodigano quasi ogni notte.

Le pattuglie escono, rientrano, spesso lasciano vermiglie tracce di sangue sul terreno.

L'altra notte Monaco è tornato con i polsi recisi da una raffica.

Al momento del ferimento gli è caduto il fucile mitragliatore, ha annaspato nel buio, lo ha raccolto e tenuto stretto tra i gomiti per tutto il tragitto del ritorno. Una volta allacciato per fermare l'emorragia abbiamo dovuto insistere perché accettasse un accompagnatore per i tre chilometri ancora da percorrere, nel buio, prima di giungere dal Dottor Sala.

Boniforti il ragazzino milanese, ha ricevuto una piccola scheggia al cuore, neanche se n'era accorto, poi improvvisamente è morto.

Montalbini e Farcis sono saltati, al rientro di una pattuglia diurna, sulle mine anticarro. Non c'è stato niente da fare. Il "Morlacco" era già esanime, sembrava che dormisse, che aspettasse la sveglia con il bacio della mamma.

Siamo andati a prenderlo, qui davanti con la bandiera della croce rossa, ma gli inglesi hanno finto di ignorarla. Sulla strada era un inferno; ogni poco, dovevamo lasciare la barella e buttarci nel fosso. Lo hanno colpito ancora. Inutile crudeltà! Aveva sedici anni.

Il Comandante Durante era visibilmente commosso: Farcis era il suo porta-ordini.
Poi è passato Montalbini con i polmoni a brandelli.
È passato che la sua faccia tagliata nella pietra, sbiancata, con la solita espressione spavalda. Nel delirio canticchiava. «A capo Cabana la donna è regina, la donna è sovrana...».
Da buon toscano egli canzonava la morte prima di distendersi definitivamente nelle sue braccia, coerente fino all'ultimo respiro.
Gli aerei nemici integrano l'opera dell'artiglieria, insistendo sulle posizioni arretrate, mentre la nostra contraerea singhiozza sempre più invano; con ritmo epilettico, verso un cielo decisamente avverso.
Le bombe al fosforo (una novità degli inglesi) fanno nascere dal nulla grandi, fantastici fiori tropicali. I pagliai bruciano. Da due mesi neanche un apparecchio amico ha sorvolato la zona e finalmente eccotene arrivare uno.
Abbiamo seguito il volo con trepida ansia, in attesa di una piccola vendetta, ma subito la tela di ragno della contraerea nemica, si è levata per avvolgerlo. Ha preso fuoco sulla coda sbandato ed incerto è ripassato su di noi, in breve è precipitato sulle retrovie.
Nella luce rossigna di quel tramonto c'era un altro segno dello strapotere del nemico e la malinconia del crepuscolo della nostra epoca.
Un ufficiale addetto al comando filtra, dai nostri avamposti, con bandiera bianca, e va a consegnarsi agli inglesi.
Oh! Averlo beccato! Ma tant'è, ogni compagnia, anche la più eletta, ha sempre un traditore. Ringraziamo Iddio di non essere come lui.
Il morale dei ragazzi generalmente è buono; ma qualcuno e al limite della resistenza fisica. De Rosa ha un principio di congelamento e non può portare le scarpe; si è fasciato i piedi con delle strisce di lenzuolo, cammina come un buffo elefante bianco.
Non vuol saperne di ricovero. L'altra notte è stato sorpreso che dormiva di vedetta, la legge lo ha colpito: al palo. Ha dovuto rimanere in piedi, per un'ora, schermato da un basso pescheto, a un campo di distanza dalle mitragliatrici inglesi. Una posizione non certo piacevole, sebbene il Sergente Mauri avesse l'ordine di slegarlo alle prime avvisaglie di inquietudine dei figli di Albione.
Nell'avamposto n. 24 avevano adibito il piano superiore a gabinetti di decenza; due granate bene aggiustate hanno fatto precipitare il solaio mentre Zandinella e soci erano intenti come al solito, a cucinare cibi prelibati che solo essi sanno reperire.
L'anima eletta di Cambronne deve averli protetti, poiché nessun danno alle persone ne è derivato. La vis comica a intervalli ricompare, basta un minimo spunto, talvolta perché l'allegria divampi. Come quando una vedetta parte per il turno di guardia avvolta in una pelliccia di visone scovata chissà dove.
Il contrasto tra il cavernicolo aspetto del marò e la raffinata eleganza della pelliccia, che rievoca morbide grazie femminili, suscita nella ciurma motivi

sempre più nuovi di ilarità. Si ritrova un momento di spensieratezza, di spregiudicato ottimismo. Si ride, malgrado tutto, si beve, talvolta si canta.
Non si è ancora spenta l'eco beffarda del crollo stercorario all'avamposto 24 che anche per noi dal n. 22 si ripete un fatto analogo, non proprio per la sostanza quanto per le circostanze.
È mezzogiorno e sulla talvolta accuratamente preparata da Ludwig, in una teglia, un pollo rosolato fa bella mostra di sé.
Finalmente siamo riusciti a catturarne uno, era un pollo mutilato, i pochi sopravvissuti si sono rifugiati sui campi minati! Metto legna nella stufa. Monti, sempre vigile, mi fa notare che una Batteria ha fatto forcella su noi, e aggiunge: «Tenente, non metta quella legna nella stufa; è verde e fa un fumo da matti!»
E io, tanto per fare dello spirito: «Vediamo come sanno usare il goniometro!».
Ho appena finito la frase che un tuono sconvolge la stanza.
L'istinto ci proietta nel piccolo bunker. Seguono alcuni istanti di silenzio; nella semioscurità del ricovero mi tocco le gambe, la testa. Mi sento del sangue, un bitorzolo nei capelli; sono tutto ammaccato. Ho però subito la gradevole sensazione dell'altra volta e, cioè, che nulla di grave è successo.
Anche Monti, Sfiotti e Ludwig sono pesti ma incolumi.
Mettiamo fuori il naso dal pertugio. La prima cosa che notiamo è un fascio di raggi solari che penetra nel polverone della stanza da un grosso buco creatosi nella parete, proprio sopra la stufa. La granata ha proiettato i mattoni sul pavimento, sul tavolo sulle nostre teste; la canna fumaria è finita dall'altra parte. Il pollo, ahimè, irrimediabilmente compromesso.
Usciamo all'aperto a respirare una boccata d'aria buona. Anche questa volta è andata liscia. Oggi, il pane nero e la margarina hanno un sapore insolito, squisito, hanno il sapore della vita.
La Divisione «*Reichsführer SS*» ha ricevuto il cambio.
Sembra sia destinata, dopo un breve periodo di riposo e di riassetto, al fronte Est, dove potenti forze corazzate russe premono sulla Slesia e puntano su Berlino, il cuore di tutto il *Reich*.
Le operazioni di raccolta del materiale si sono svolte in gran fretta «*Schnell! Schnell Weg!*».
Per ricuperare un *Pak* sito qui vicino due autocarri sono saltati sulle grosse mine anticarro: una strage. Una decina di *SS Männer* giacciono nella mia stanza, allineati contro il muro; alcuni sono cadaveri, altri versano in condizioni disperate e stanno lì impassibili, senza emettere lamenti, contenendo l'atroce sofferenza sotto metallici occhi azzurri, mentre con le mani cercano di tenere insieme le smembra sconnesse. Sulla fibbia delle cinghie recano impresse in carattere gotico il motto: "*Meine Ehre heisst Treue*» ("Il mio onore si chiama fedeltà") insieme formano come un monumento di stoica rassegnazione.
Arriva l'ambulanza; partono questi e tutti gli altri soldati che hanno diviso con noi la responsabilità, i rischi e le fatiche su questo piccolo tratto della grande frontiera

europea. Parte il camerata Ludwig.
«*Aufwiedersehenn alles gute!*»
«Arrivederci buona fortuna»!
La *"Reichsführer"* si allontana su una scia di sangue, lasciando un'impronta di valore sulla linea gotica.
Subentra una Divisione della *Wehrmacht*: i reparti giungono nottetempo, sulle posizioni avanzate. Un gruppetto si presenta a noi con stracci bianchi in segno di resa.
Un piccolo disguido, gli inglesi sono qualche passo più avanti, se vogliono accomodarsi.
I componenti del gruppo si dichiarano austriaci, padri di famiglia, le solite storie. Nessuno ha voglia di far denunce. Speriamo, però che la Divisione non sia composta esclusivamente di austriaci, di padri di famiglia.
Ludwig anche era padre di famiglia, eppure questi li avrebbe fatti fucilare. «La grappa è grappa, il servizio è servizio!» avrebbe poi detto con prussiano eufemismo. Noi che siamo italiani, ci ridiamo sopra, e che Dio ce la mandi buona.

VIII.

Circolano voci di avvicendamento.
Nel pruriginoso tepore del sacco a pelo, nella sola posizione sopportabile delle mie lunghe ossa scosse dai brividi della febbre, cullo ed accarezzo l'idea del riposo, di un bagno, di un paio di lenzuola dove potersi stendere, senza scarpe, senza il fastidio dei pidocchi.
Avrei dovuto andare dal medico per una visita, ma chi non dovrebbe andarci?
Le ferite delle gambe estendono l'alone di materia sotto la garza e le fasciature; le caviglie hanno l'elefantiasi, una zecca è riuscita a conficcarsi nella pancia e glorifica a mie spese in un'aureola di pus.
Le cinque del mattino: fuori tambureggia un temporale.
Dal grande oblò aperto nella parete da una granata, i lampi illuminano la squallida stanza senza stufa. Uno scorcio di temporale si abbatte più vicino; il lamento di un ferito si alza solitario. Balziamo fuori.
Sfiotti che era di vedetta, giace contro il muro, ferito da una scheggia. Lo portiamo dentro. Il lume incerto della candela esaminiamo la ferita; il muscolo della coscia è tagliato netto, il femore sembra illeso; c'è motivo di conforto. Il ragazzo se ne rende conto ed abbozza un pallido sorriso.
Addio e buona fortuna.
Le prime luci dell'alba invadono le macerie sempre più trite, grandi riflettori dell'VIII Armata si spengono tra soffici nubi sciroccali. Le carogne degli animali cominciano a puzzare forte. In questi giorni che preludono alla primavera, il Capitano Marchesi dà fondo alla riserva. I colpi di mortaio da 81 solcano il cielo con voce rabbiosa, inferocita, e vanno ad infilarsi, precisi, nelle posizioni dei Tommy, accompagnati da sorde imprecazioni.
«Iterum rudit leo».
Toni Zandinella festeggia la sua tredicesima pattuglia e, a tal proposito, ha un diverbio tra il serio ed il faceto con il Sergente Pezzella, che nasconde sotto il risvolto della giacca le nere mostrine dei Battaglioni "M". «O ti togli le mostrine nere che portano "pegola" o non vengo fuori» premette Zandinella.
«Se ti fossi stato nei Battaglioni "M" come ci sono stato io, non saresti così scemo da credere a queste balle!» replica il sergente.
E Toni, per farlo andare ancora più in bestia, ripetendo il verso di una parodia in voga: «Fuoco per Dio sui barbari delle Brigate Nere!».
Sono andati, poi, ed hanno peregrinato a lungo dentro le linee inglesi: le mostrine non hanno portato sfortuna.
Oltre alle visite di prammatica di De Martino e Stripoli abbiamo ricevuto quella oltremodo gradita delle Ausiliarie, guidate dalla Teja[13]. È sembrato strano vedere dei volti femminili su questa terra bruciata e sconvolta; la loro bellezza era tutta

---

[13] La Caponucleo Maria Teja, comandante delle venti Ausiliarie del Battaglione "Lupo".

nel volto. Sono sparite nei loro vestiti che sembravano fagotti. Cari fagotti, dentro i quali pulsano grandi cuori di donna.

Il Comandante Durante ritiene che gli inglesi abbiano sgomberato casa Granaroli. Bisogna andare a vedere.

Esco a mezzanotte con Polegri, Menichetti, Bertellone, Raso, Pietrobon, Tenerani ed il Serg. Mauri.

Andiamo sui filari verso i riflettori che affondano sui campi un tenue chiarore, come di luce anemica. Sosta. In alto la polifonia delle traiettorie. Ecco un posticino tranquillo. Proseguiamo con passi da spettri smaliziati, fino alle adiacenze di Casa Granaroli, Stesi sull'erba osserviamo con occhi e orecchie ultrasensibili.

Maledizione; accuso un forte prurito in gola, la tosse cerca uno sfogo, mi ficco un fazzoletto in bocca e lo mordo ferocemente. Silenzio di tomba. Si delineano dei reticolati, tutta la casa ne è circondata. Menichetti, sempre curioso, si avvicina.

Lo trattengo e gli sussurro: «Non toccare, bestia».

Con l'impazienza dei ragazzi mi bisbiglia, eccitato: «Non ci sono, mi lasci andare a vedere!».

«Sta buono, vediamo subito» gli rispondo, in un soffio.

Faccio arretrare gli altri. Rimango con Menichetti. Estraiamo due *Handgranate*; svitiamo lentamente la sicura e le lanciamo per il manico. Le granate sbattono sul muro, rimbalzano a terra con un rumore di barattoli e dopo due o tre secondi, lampeggiano e tuonano con forte rimbombo.

Di corsa raggiungiamo i compagni. Ci stendiamo nel fossato. Gli inglesi azionano immediatamente due *Bren* ed in breve, con urla selvagge, aumentano il volume di fuoco, sino ad impiegare una decina di mitragliatori.

Casa Granaroli sputa fuoco da tutti i pori, chiama e pone in allarme tutta la linea inglese.

Li facciamo ammattire per un'ora. Sotto le traccianti fosforescenti, operiamo piccoli spostamenti; raffiche di qua, raffiche di là, lanci di bombe a mano. Silenzio! Poi daccapo.

Alle quattro del mattino, siamo a ridosso del ceppo che perennemente arde al comando della compagnia. Il Tenente Durante si convince che gli inglesi non hanno abbandonato Casa Granaroli.

Il *Leutnant* tedesco stenta a credere che una pattuglia possa avvicinarsi con tanta naturalezza ad una posizione così guarnita. «*Crucifix*!» esclama e non smette di fare le sue meraviglie.

Agli ultimi di febbraio, nelle ore diurne, il sole intiepidisce l'aria; le carogne degli animali emanano un odore insopportabile. Forse è spuntata qualche gemma sui pioppi e siti peschi anneriti. Non lo so. Mi sento addosso una spossatezza totale.

Bertelli col suo plotone ci dà il cambio agli avamposti mentre noi torniamo, alla compagnia dopo un mese, sull'argine del Senio. Intravedo il volto di Bertelli: emaciato, di un pallore impressionante, le spalle leggermente incurvate, ridotto proprio male anche lui.

Sugli argini del Senio, che costituiscono sempre la prima linea, c'è da guardarsi solamente dagli aerei e dell'artiglieria di medio e piccolo calibro, che predilige il fiume per fondati motivi tattici. Niente mine, non raffiche a bruciapelo di pattuglie in agguato, nessun carro armato a ridosso, la tensione si allenta notevolmente.

Per contro, lo stato dei bunker è disastroso: si è costretti all'addiaccio, o quasi. Condizioni malsane che hanno prodotto una falcidia per malattia pari a quella causata da fatti bellici veri e propri. Il Battaglione "Lupo" è ormai, ridotto a ben pochi uomini.

Fuori dagli impegni di servizio (davanti ci sono gli avamposti e gli inglesi non possono capitarci addosso da un momento all'altro – ci vorrà sempre un'ora prima che riescano a travolgerli) girovago sul Senio, dal Comando al Magazzino.

È passata l'ambulanza, non so esattamente chi andrà a prendere; noto la cicogna che volteggia sui posto di raccolta dei feriti. Ho una sorte di presentimento.

I carri armati, incominciano a cannoneggiare proprio lì.

Dieci minuti dopo, sopraggiunge di corsa un marò, trafelato, ansante:

«Hanno colpito la ambulanza mentre stava caricando, ci sono dei feriti gravi».

Cerco un compagno e lo trovo in un ex paracadutista.

Partiamo di corsa, ci avviciniamo a sbalzi sempre più brevi e guardinghi. Il gruppo di carri *Sherman*, guidati via radio dalle cicogne, continua a imperversare sull'ambulanza; questa giace, ormai reclinata nel fosso, crivellata di schegge, i segni della Croce Rossa visibilissimi sulla carrozzeria bianca, nei pressi dei resti affumicati della casa colonica che serve da posto di medicazione.

Già si odono i lamenti dei feriti, fra i muri distrutti; ci restano cinquanta metri, i peggiori. I carri vi saettano traiettorie radenti, rapidissime, che non danno il tempo di ripararsi.

Cerco di captare un piccolo intervallo. Attraversiamo di corsa. Salto un triplice filo spinato di cinta, mi tuffo dentro le macerie. Il mio compagno è rimasto impigliato dentro il filo spinato in mezzo ad una gragnuola di colpi.

Un proiettile si conficca nel fango ad un metro da lui, senza esplodere. Muoviti!

Si disincaglia e finalmente arriva.

Il cuore mi batte come se volesse scoppiare: per lo sforzo fisico della corsa e per l'emozione.

Nel forno della casa, uno sopra l'altro, in un sanguinoso groviglio, una decina di marò aspettano di essere soccorsi. Bardi ha una gamba tagliata netta, soffre atrocemente.

Appena la burrasca è passata i feriti vengono avviati a Pratolungo con carretti di fortuna.

Il mio compagno per due giorni dà segni di squilibrio, cavalca un asino con aria stranita, parla come in trance poi aiutato dall'alcool e dal nostro affetto, inopinatamente riacquista il senno.

Così negli ultimi giorni di permanenza sulla linea Gotica, abbiamo conosciuto il «Fair-play»!

Il Tenente Medico Sala mi accoglie con fraterna sollecitudine nella sua infermeria, stipata di pazienti, mi offre per una notte un comodo lettino; poi mi spedisce d'urgenza all'ospedale da campo di Conselice.
Sento riparlare del cimitero del Lupo dove Don Bruno ha provveduto a sistemare le salme dei camerati caduti, sulle colonne della chiesetta qualcuno ha scritto: E FOSSE ANCHE LA MIA PURCHÉ LA PATRIA VIVA.
La gran parte sono studenti, ragazzi di vent'anni. Riposano in pace, addormentati in un sogno.
All'ospedale da campo di Conselice, in mezzo ai tedeschi, mi sento estraneo e depresso.
Mi riempiono per alcuni giorni di pastiglie finché la febbre diminuisce.
Poi, mi avviano verso Nord.
Lascio alle spalle il cupo brontolio dei fronte; la colonna delle ambulanze procede a tappe, con esasperante lentezza; il vitto è repellente, non riesco a buttar giù che poca brodaglia.
L'autoambulanza corre nella Val Padana: ne vedo i colori vivaci sui campi, ne respiro il tepore dell'aria ma non mi dà una briciola di sollievo.
A Ferrara c'è un giorno di sosta.
Vado a ritrovare Francesca che lavora a due passi da qui, nel servizio assistenza R.S.I. Si commuove, mi interroga con apprensione, mi guarda con i suoi grandi occhi neri, vuol aver notizie sulla reale situazione.
Non posso tacerle la verità: «Non c'è più nulla da fare Francesca, arriveranno...».
Una paura folle sembra invaderla: eppure è una ragazza senza colpe.
«Portami via, portami via...».
La convinco dell'impossibilità di farlo, le do alcuni consigli per sottrarsi ad eventuali rappresaglie, cerco di tranquillizzarla. Nell'abbraccio dell'addio sento scorrere le sue lacrime, mentre reprimo a stento una bestemmia.
Chi dovrebbe temere questa ragazza? Faticosamente raggiungo i mio posto di tappa: le gambe non mi reggono più.
Al traghetto del Po, un gruppo di lavoratori della TODT ci rivolge sguardi carichi di odio. Quegli sguardi ci sfiorano, ci lasciano indifferenti.
L'ambulanza si ferma a Verona.
Mi carico lo zaino in spalla, per salire le scale devo attaccarmi alla ringhiera e aiutarmi con le braccia.
L'Ospedale militare è trasandato, odora di muffa e di formalina, il personale si prepara a smobilitare; lavora di malavoglia e talvolta assume un contegno insolente.
In un'altra corsia c'è Bardi; ha perduto una gamba.
Prima di distendermi sul letto e rimanerci a lungo, ho il piacere di rivederlo, di parlare con lui.
Ha superato la prova con fermezza, con eccezionale forza d'animo. Non avrà bisogno della compassione, questo viscido sentimento.

Il Battaglione "Lupo" è andato a riposo, a Marostica.

Rimango immobilizzato nel mio lettino, ci vedo sempre di meno: leggo a malapena i titoli cubitali del giornale ma non distinguo nelle righe più piccole: le lettere ballano e si confondono, non si lasciano afferrare.

Notti e notti insonni, ossessive, interminabili e una subdola voglia di finirla, di lasciarmi andare. Quando le cose si mettono proprio male, per me e anche, per Bardi la «Longa manus» della Decima ci viene in aiuto.

Un'ambulanza ci recupera, ci trasporta a Gavardo, nell'Ospedale della Divisione, perfettamente attrezzato ed efficiente in tutti i servizi.

Suor Teresa non fa altro che ripetermi: «Tu hai bisogno di mangiar tanto figliolo, ti mancano tutte le vitamine».

Essa è anziana, ha i lineamenti della provvidenza e occhi d'angelo.

Alcuni ottimi medici fanno il resto. Le piaghe sulle gambe incominciano ad asciugarsi, a restringersi; la vista gradatamente riacquista vigore; il riuscire dopo un mese a dormire qualche ora mi procura un enorme sollievo, la certezza di aver superato la crisi.

Sono in mezzo ai compagni di nuovo e c'è il sorriso taumaturgico di suor Teresa, la sua attenta laboriosa vigilanza sulle corsie perché tutto volga al meglio.

Alle prime, limpide giornate di aprile, il sole entra dal finestrone con l'aria balsamica delle colline. Arriva Bertelli che, fortunatamente, è sulla via della guarigione.

Monaco viene a trovarci da Marostica, con il nastrino azzurro sul petto e notizie fresche.

Il Battaglione ha ricevuto nuovi complementi.

I superstiti sono in licenza, in giro per le diverse città.

Sullo scacchiere europeo, le vicende belliche volgono alla conclusione.

Il bollettino non riesce più a nascondere, con giochi di parole, il precipitare della situazione.

Gli anglo-americani hanno infranto la linea gotica e dilagano nella Pianura Padana.

Attendiamo con amara tranquillità.

IX.

Nelle corsie dell'ospedale si diffondono note di una musica allegra da operetta, è un piacere ascoltarla, ora che la maggior parte di noi è fuori pericolo.
Il sole di primavera riporta un po' di salute nel corpo avvelenato della fatica, dalle infezioni, da tutte le malore raccattate dai bunker della Linea Gotica; una linfa vitale entra nel sangue e fa rivivere, è quella stessa che rinverdisce gli alberi rinsecchiti, i rami avvizziti dal lungo inverno.
Questo compiacimento animalesco non fa, però dimenticare gli altri, quelli che soffrono ancora. Il più sfortunato è un marò cieco, di un altro battaglione.
Transitava in Liguria con un automezzo, è stato fermato dai guerriglieri. Vai! gli hanno detto, ed il colpo destinato alla nuca gli ha trapassato le tempie da parte a parte recidendo il nervo ottico; quella tremenda ferita non solo lo ha reso cieco, ma gli ha sconquassato il sistema nervoso.
Forse il tempo, prolungate amorevoli cure, daranno un po' di pace anche a lui.
Bardi sta meglio, incomincia a camminare con le grucce, è molto robusto sulle braccia e sulle gambe e progredisce rapidamente; morale sempre ottimo, un romagnolo di ferro!
I comunicati radio si susseguono: gli anglo-americani hanno occupato Bologna.
Il battaglione è in procinto di ripartire; ricevo una lettera del Capitano Durante, il quale mi dice che avrebbe piacere di avermi per l'imminente reimpiego; lo ringrazio per la stima e lo informo delle mie reali condizioni.
Nessuno dei vecchi ufficiali del "Lupo" ritornerà alla III Compagnia: tutti fuori uso.
Bertelli mi regala una bella edizione delle «Novelle per un anno» di Pirandello, con dedica; conserverò il libro come ricordo di un compagno valoroso.
Un appello radio richiama alla base qualche ritardatario impelagato chissà dove e con chissà quale fiore di fanciulla:
I Battaglioni "Lupo", "Barbarigo", "NP", "Colleoni" si ricompongono sul Po, per un ultimo disperato tentativo di resistenza.
Al sole della terrazza, le ferite sulle gambe finiscono di seccarsi; il ronzio delle api sui vasi di fiori è insistente, petulante, una riduzione infinitesimale del ronzio degli *Spitfire*.
Ogni giorno lo stesso regime: molta vitamina B, un po' di sole, e in più la tentazione delle ragazze che passano.
Incominciano a transitare sulla strada colonne di truppe germaniche in ritirata, anche i nostri hanno lasciato il Po e ripiegano su Padova.
Arriva fulminea la notizia della morte di Mario Menichetti, la splendida mascotte della nostra compagnia.
Era con due compagni, su una barca.
È morto in mezzo al fiume, crivellato di colpi. Il suo corpo ha flottato nella

corrente, fino a riva, da dove i camerati, invano, avevano cercato di proteggerlo.
Lo rivedo sul Senio, dove, già a sedici anni, aveva meritato una medaglia al valore; audace esploratore in una decina di pattuglie, sorridente ed arguto anche nei momenti peggiori: era diventato il beniamino della III Compagnia.
«Menichetti, facci vedere la fotografia di Mariannina!»
Solo allora diventava riservato, un po' scontroso, non gli garbava si scherzasse a deturpare l'immagine irripetibile del primo amore.
Sotto sembianze delicate, capelli biondi, occhietti grigio-azzurri ed educazione da liceale, Menichetti celava un cuore da giovane leone.
Continua il ripiegamento delle truppe tedesche: ordinato senza orgasmo, degno di un forte esercito, i veterani reduci da tante battaglie e molti giovani, altrettanto disciplinati e composti.
Lungo la strada che porta al Brennero, a mezza costa sulla collina, entra in azione un centro di fuoco partigiano.
Dal finestrone dell'Ospedale seguo l'episodio con curiosità professionale. I tedeschi si fermano e si riparano, sparpagliandosi ad arte, ed aprono il fuoco a loro volta. La «pesante» ben piazzata blocca la strada effettivamente.
Questo gruppo di partigiani tiene testa alla supremazia di fuoco dei germanici con perizia e tenacia. Poi cedono e abbandonano quando gli altri mettono in azione un cannoncino antiaereo a tiro rapido.
La strada è di nuovo libera e l'ultimo scaglione della retroguardia può transitare.
Silenzio sulla strada. Transita ancora un gruppetto di pionieri, forse quelli che fanno saltare i ponti. Dal paese vedo scappare una ventina di persone verso un'altra collina; corrono come conigli su per le balze, raggiungendo la sommità e spariscono.
Poco dopo arriva Maria che abita in paese ed è sempre molto bene informata.
«Che è successo? Perché quella gente scappava? Hanno ucciso un tedesco, non voleva consegnare il fucile, ora temono una rappresaglia».
«Chi l'ha ucciso?».
«I partigiani dell'ultima ora; adesso tutti si mettono a fare i partigiani. Che roba!».
Di tedeschi non ce ne sono proprio più. La strada è deserta, il paese è tranquillo.
Dal cocuzzolo sulla collina, ogni poco, una vedetta di quella strana gente si sporge cautamente ed occhieggia sulla strada senza insidia.
Arrivano gli Americani; una colonna di grossi carri armati raggiunge il paese e sosta sulla strada: gli «Yankee» sono ben vestiti, lucidi come si apprestassero ad una parata ed alteri, staccati.
Ora, dalla collina, scende quella gente e qualche altro se ne aggiunge del paese.
Intorno agli equipaggi dei carri si svolge una festicciola non disinteressata, molti hanno da chiedere qualche cosa e gli americani buttano cioccolato e sigarette, ma continuano a rimanere assenti, forse ancora preoccupati per quello che li può attendere più avanti.
Non hanno fretta di incalzare il nemico.

Qualche ora più tardi un picchetto di partigiani con fazzoletti verdi entra nell'ospedale e preleva tutte le nostre armi dal magazzino senza arrecare a onore del vero nessun disturbo.
Incominciamo a suonare le campane a stormo. Rivedo ad uno ad uno tutti gli amici, i camerati caduti in questi cinque anni.
Tanti alpini, tanti della Decima. Sento che anche loro disapprovano. Provo un acuto dolore, un dispiacere immenso.
Ritorna Maria e mi grida:
«È finita, è finita» e vorrebbe forse che io fossi allegro, festante come lei.
«Vai, per favore, lasciami solo!».
Rimango a lungo con i ricordi, con le speranze deluse e mi sembra di essere vecchio, infelice. Immeritatamente.
In effetti, la gente del paese non è tutta come i conigli, della collina, la maggior parte è gente laboriosa, pratica e con memoria molto precisa, così che non si verificano altri eccessi.
Il giorno dopo transita una colonna di "Badogliani"; un soldato si butta giù dal camion in corsa, nella fretta di scendere al suo paese, nel desiderio folle di abbracciare i suoi cari, dopo tante traversie. Viene raccolto sulla strada in condizioni gravi, i medici devono amputargli una gamba. È ricoverato nel nostro ospedale, dopo l'operazione viene sistemato in un lettino di fianco a Bardi.
Presto si stabilisce tra i due una sincera amicizia, il badogliano può vivere e curarsi in mezzo a noi senza che un'ombra di animosità turbi la calma atmosfera della corsia.
I seminatori di odio gracchiano dalla radio come cornacchie, cercano di convincere la gente che siamo dei criminali.
La gente di Gavardo, invece, cerca di aiutarci.
Come dimenticare la bontà, la calda simpatia la praticità a fin di bene di Maria!
In questo ambiente favorevole, il comando dell'Ospedale riesce a liquidare la nostra competenza Finanziaria e a stipulare un accordo con il CLN per lo sfollamento dell'ospedale; rimaniamo, su parere del medico, una ventina di noi, il soldato badogliano ed altrettanti vecchietti dell'ospizio che occupano i posti vacanti.
Il Battaglione "Lupo" ha ricevuto a Padova, dagli alleati, l'onore delle armi, ma questo riconoscimento non ha potuto evitarne la prigionia e la partenza per destinazione ignota.
Su Gavardo aleggia una fortuna spicciola, gratuita, passeggiata in giardino al caldo sole di maggio, il cuore, i muscoli, i tendini da lungo tempo appassiti riprendono tono, vigore. Uno schianto casuale, un sobbalzo. Eh, per i nervi l'assestamento sarà più lento! Si gioca a carte; la radio va avanti per conto suo: un po' di musica, un discorso, un altro discorso.
Qualcuno dice: «Lo senti quel bastardo».
Stasera quando i medici saranno usciti, andremo a fare una passeggiata in paese,

la prima, dopo cinque mesi. Uno dice scherzosamente: «Con quali vestiti andiamo in franchigia?"
E un altro: «Andiamo con quelli che abbiamo, in grigio-verde: non vorrai mica uscire in pigiama!».
D'accordo: e chi se ne frega!

Mappe

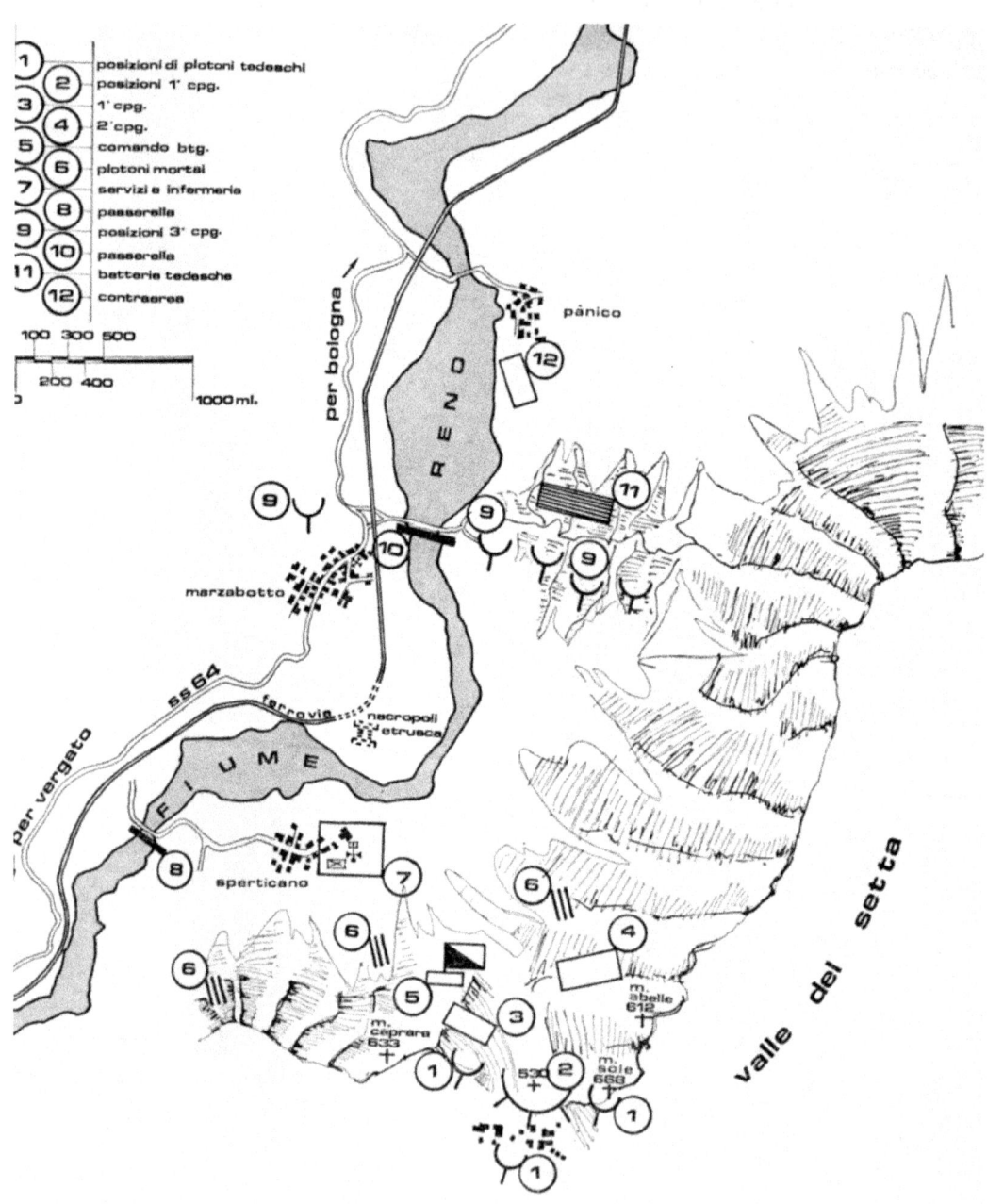

Il Battaglione "Lupo" sull'Appenino.

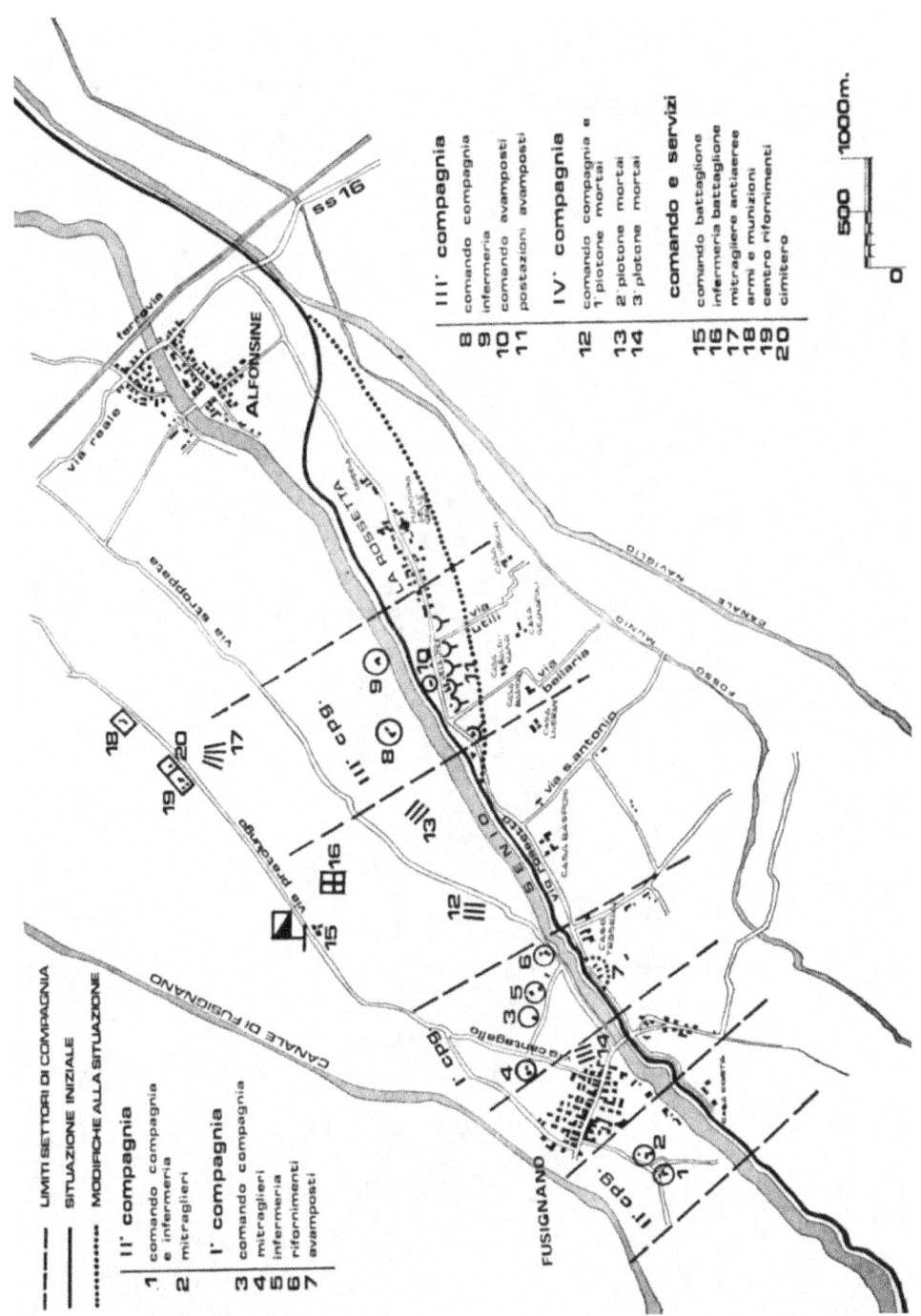

Lo schieramento delle Compagnie del "Lupo" sul Senio.

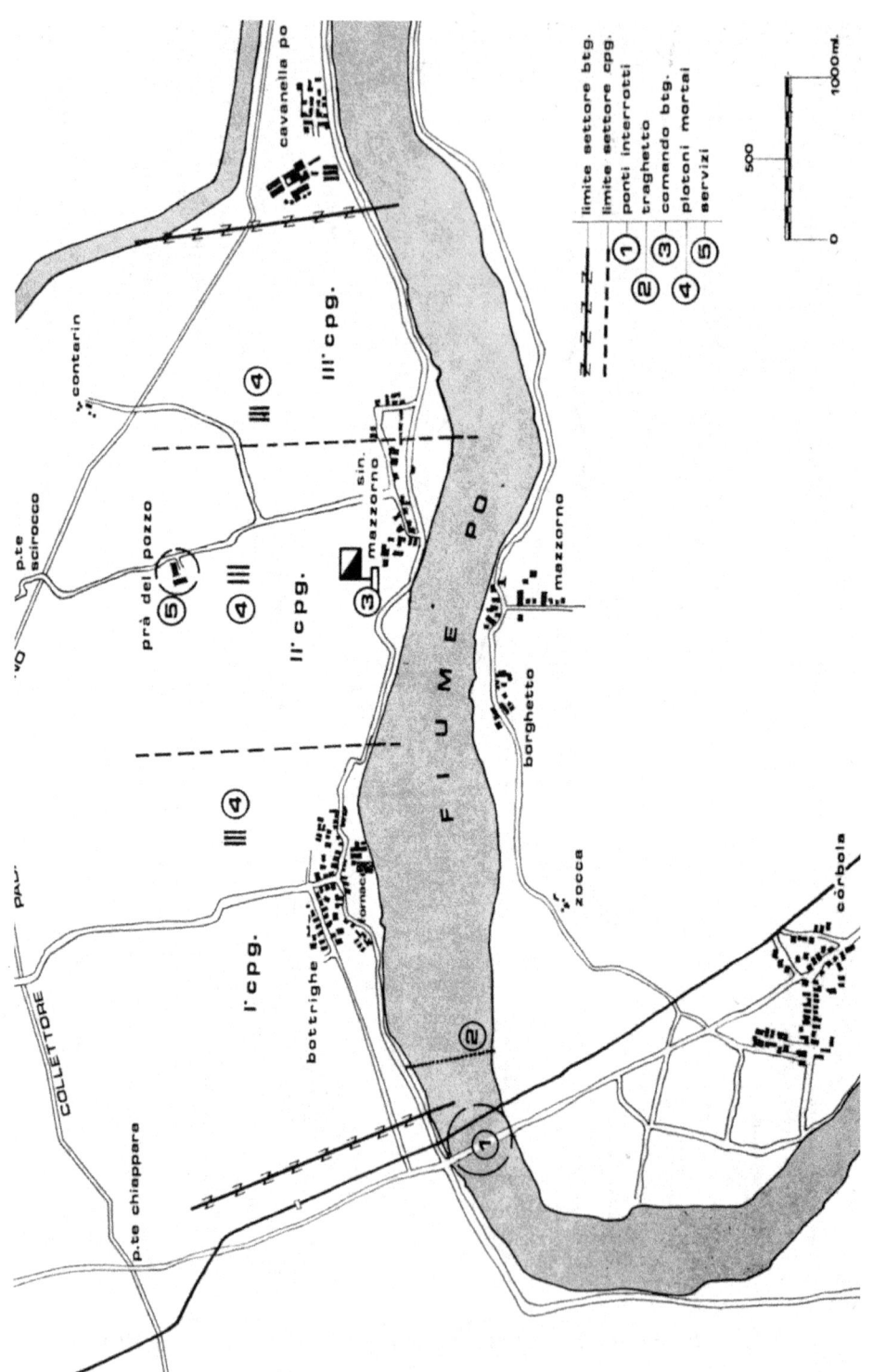

L'ultima difesa del "Lupo" sul Po

FOTOGRAFIE

Milano, Due Marò della III Compagnia del Battaglione "Lupo" prima del trasferimento sul fronte emiliano: a sinistra Luigi Sitia, e, a destra, Giorgio Bigoni, figlio dell'allora questore di Genova (Luigi Sitia).

Bella fotografia del Tenente Emilio Arisio, Comandante del 3° Plotone della III Compagnia. Cadde prigioniero durante una pattuglia il 6 gennaio 1945 (L. Sitia).

Luciano Bertelli (Bertellino), suo cugino (Bertellone) e Grasso, della III Compagnia (Luciano Bertelli).

La 3ª Squadra (3° Plotone, III Compagnia) al comando del Sergente Basadonna (L. Bertelli).

Marò del Battaglione" Lupo" lungo l'argine del Senio.

I precari mezzi per attraversare il Senio.

Il Marò Gigi Voltolina della III Compagnia tira con il suo Breda 30.
Notare l'elmetto tedesco modello 42.

Il nemico: soldati canadesi del The Hastings and Prince Edward Regiment *in una foto trovata in una posizione canadese espugnata.*

Nota foto del Marò Alberto Bellagamba in posa con il Panzerfaust *davanti all'*M 4 Sherman *da lui distrutto il 12 gennaio 1945.*

Un Bren Carrier *distrutto alla base dell'argine è esaminato da due Marò della III Compagnia.*

Alcuni Marò del "Lupo" in divise "da combattenti in prima linea" osservano l'attività aerea nemica.

Febbraio 1945. I superstiti del 3° Plotone, III Compagnia.

INDICE

Prefazione di Adriano Bolzoni   pag. 5

L'ultimo combattimento della X^a MAS di Ugo Franzolin   Pag. 21

Lupi sulla Linea Gotica di Spartaco Zeloni   Pag. 25

Mappe   Pag. 65

Fotografie   Pag. 68

TITOLI PUBBLICATI - ALREADY PUBLISHING

www.ingramcontent.com/pod-product-compliance
Lightning Source LLC
LaVergne TN
LVHW081546070526
838199LV00057B/3792